FACULTÉ DE DROIT DE PARIS

# DE
# LA GARANTIE
## EN CAS D'ÉVICTION DANS LA VENTE
### EN DROIT ROMAIN
### ET EN DROIT FRANÇAIS

PAR

GEORGES CHASTELLAIN
AVOCAT A LA COUR D'APPEL DE PARIS

PARIS
F. PICHON, IMPRIMEUR-LIBRAIRE
14, RUE CUJAS, 14
1875

# THÈSE

## POUR LE DOCTORAT

FACULTÉ DE DROIT DE PARIS

# DE
# LA GARANTIE
## EN CAS D'ÉVICTION DANS LA VENTE

EN DROIT ROMAIN

ET EN DROIT FRANÇAIS



## THÈSE POUR LE DOCTORAT

PAR

GEORGES CHASTELLAIN

AVOCAT A LA COUR D'APPEL DE PARIS



L'acte public sur les matières ci-après sera soutenu le

*jeudi* 21 *janvier* 1875, *à* 8 *heures* 1/2.

PRÉSIDENT : M. DEMANTE,

SUFFRAGANTS : MM. VALETTE, COLMET DE SANTERRE, GÉRARDIN, PROFESSEURS.
LYON-CAEN, AGRÉGÉ.

PARIS

F. PICHON, IMPRIMEUR-LIBRAIRE,

14, RUE CUJAS ET 7, RUE VICTOR-COUSIN

1875

A MA MÈRE

# DROIT ROMAIN

## DE LA GARANTIE

## EN CAS D'ÉVICTION DANS LA VENTE

### INTRODUCTION

Le contrat de vente *emptio venditio*, fait naître à la charge du vendeur plusieurs obligations : « Venditori sufficit ob evictionem se obligare, possessionem tradere et purgari dolo malo (L. 1, pr. D., L. XIX, t. IV).

Le jurisconsulte Paul auquel appartient ce fragment impose donc au vendeur trois obligations : livrer, garantir, être exempt de dol.

Ainsi les Romains obligent le vendeur à mettre l'acheteur en possession; mais non pas à transférer la propriété *dare rem*. Cela résulte également d'un passage d'Africain (L. 30, p. 1) *de act. empti*, où ce jurisconsulte dit : « Venditor hactenus tenetur ut rem emptori habere liceat, non etiam ut ejus fiat.

Peut être à l'origine le vendeur ne fut-il astreint qu'à livrer? peut-être à une époque reculée l'acheteur ne put-il le forcer à lui transférer tous les droits qu'il avait sur la chose, et dut-il se contenter de sa mise en possession ?

Quoiqu'il en soit, les documents que nous possédons, nous permettent à notre avis, suivant en cela l'opinion développée par M. Accarias dans sa théorie des contrats innomés, p. 136, de dire qu'il ne suffit pas au vendeur de procurer à l'acheteur une libre et paisible possession de la chose; qu'il est obligé de transférer tous les droits qui lui appartiennent, par conséquent le droit de propriété quand il est propriétaire.

Je m'appuie pour démontrer cette proposition, d'abord sur les textes assez nombreux dans lesquels il est dit que l'obligation du vendeur se borne à procurer à l'acheteur la jouissance paisible de la chose, et qui se refèrent tous à l'hypothèse d'une vente portant sur la chose d'autrui : notamment sur la loi 30, p. 1, *de act. empti et venditi.*

En négligeant en outre l'argument que l'on peut tirer de la loi 11, p. 2, *de act, empti et venditi,* nous avons un texte de Gaius qui me paraît décisif (Gaius, C. IV, p. 131),

Ce jurisconsulte suppose qu'un acheteur intente l'action *ex exempto* à l'effet d'obtenir la mancipation de la chose vendue; et il fait observer que l'emploi d'une *præscriptio* sera nécessaire au demandeur, s'il veut éviter l'épuisement absolu de son droit par la *litis contestatio*, et rester recevable à demander plus tard la tradition.

L'interprétation de ce texte n'offre aucune difficulté. Il en résulte que l'acheteur a droit non-seulement de se faire livrer la chose, mais de se la faire manciper.

Aussi ceux qui prétendent que le vendeur n'est tenu qu'à «vacuam possessionem tradere», sont-ils forcés de supposer qu'il a été fait un *pactum adjectum*, par lequel le vendeur s'obligeait spécialement à rendre l'acheteur propriétaire.

Cette nécessité de sous entendre dans le texte un élément qui n'y est pas exprimé, condamne cette interprétation.

N'est-il pas plus naturel de penser que la mancipation est demandée parce qu'elle est due d'après la nature du contrat, parce que l'acheteur doit avoir voulu acquérir tous les droits de son vendeur sur la chose, parce qu'on ne peut supposer que le vendeur veuille honnêtement conserver un droit de propriété qu'il importe à l'acheteur d'acquérir.

On peut objecter que l'acheteur qui n'est pas devenu propriétaire, soit parce que le vendeur lui a simplement livré la chose sans mancipation, soit parce qu'il n'était pas propriétaire lui-même, peut se défendre par l'exception *rei venditæ et traditæ*, lorsque le vendeur vient revendiquer la chose, se fondant, dans la première hypothèse, sur son *nu-*

*dum dominium ex jure quiritium*, dans la seconde hypothèse, sur ce que depuis la vente il aurait succédé aux droits du propriétaire, et que par conséquent cette exception suffisant pour le protéger, rend superflu le droit de demander par l'action *ex empto* le transport de la propriété.

Nous répondrons qu'il est possible que l'acheteur nanti se contente d'usucaper, sans exiger le transport de la propriété, mais qu'il est possible aussi que l'acheteur veuille devenir propriétaire immédiatement, et nous ne voyons pas comment on pourrait lui refuser une action que la bonne foi commande de lui donner.

Ce résultat se trouve, à notre avis, indiqué par l'obligation qui incombe au vendeur d'être exempt de dol, *purgari dolo malo*.

Cette seconde obligation du vendeur entraîne en outre comme conséquence, la nullité de la vente de la chose d'autrui, faite sciemment.

En effet, par suite de sa mauvaise foi, le vendeur a manqué à son obligation, il peut être poursuivi immédiatement, et cela est si vrai que le fondement de l'action de l'acquéreur n'existe que dans le dol commis par le vendeur, que si nous le supposons de bonne foi, l'acheteur ne pourra agir avant l'éviction réalisée, bien qu'il ait lui-même ignoré que la ehose n'appartenait pas à celui avec lequel il contractait.

C'est dans cette hypothèse qu'il est exact de prétendre que le vendeur n'est pas obligé à transférer la propriété.

Nous allons examiner la dernière obligation imposée au vendeur, *ob evictionem se obligare*, qui forme la matière de cette étude.

Le vendeur (*auctor*) est obligé de garantir, il doit protéger l'acheteur contre les troubles de droit, le défendre contre les tiers qui l'attaquent ; et s'il ne parvient pas à le maintenir en possession, il doit l'indemniser du préjudice qu'il éprouve. En un mot, le vendeur doit prévenir l'éviction, s'il est possible, ou en réparer les conséquences s'il n'a pu y parvenir,

Le vendeur n'est pas seulement garant en cas d'éviction, il est encore tenu à la garantie des vices rédhibitoires.

L'obligation de garantie a donc deux chefs : garantir de l'éviction ; garantir des vices rédhibitoires.

Dans ce travail, nous ne nous occuperons que de la garantie en cas d'éviction en laissant de côté la garantie des vices rédhibitoires.

Par le fait seul de la vente, et indépendamment de toute convention, le vendeur est soumis à un recours en cas d'éviction. Ce recours s'exerce par l'action *ex empto*, qui est une action de bonne foi. Elle a pour effet de faire condamner le vendeur à réparer le préjudice causé à l'acheteur par suite de sa dépossession.

Cette action découle naturellement de la vente, elle existe indépendamment de toute convention, mais elle a l'inconvénient de soumettre à l'appréciation du *judex* l'évaluation du dommage causé. Aussi les Romains, pour éviter ces difficultés, ces contestations, avaient-ils l'habitude de fixer d'avance le montant de l'indemnité qui pourrait être réclamée.

La somme fixée était promise par stipulation sous la condition de l'éviction; elle était ordinairement du double du prix de vente, de là le nom de *stipulatio duplæ*.

Si l'éviction survenait, le vendeur était tenu, par l'action *ex stipulatu duplæ*, de payer le double, sans tenir compte de la valeur actuelle de la chose.

Il avait promis sous condition telle somme; la condition réalisée, il devait cette somme.

Des différences très-considérables existent entre les deux actions, l'action *ex empto*, est, nous l'avons dit, une action de bonne foi, le juge a donc un pouvoir d'appréciation, il peut admettre tous les tempéraments qu'exige l'équité; l'action *ex stipulatu* est au contraire une action *stricti juris* dont l'effet est rigoureusement subordonné aux paroles prononcées.

Le juge n'a pas à apprécier, mais à examiner si les conditions sont accomplies, telles quelles ont été prévues, sans admettre d'équivalent, sans admettre le plus léger tempéramment, fut-il commandé par la bonne foi.

Nous étudierons plus tard les conséquences de cette différence fondamentale entre les deux actions.

La stipulatio duplæ était un acte indépendant du contrat de vente, mais bientôt l'usage s'en répandit et entra tout à fait dans les habitudes Romaines, si bien que par application de cette règle que tout ce qui est d'usage doit être suppléé dans les contrats de bonne foi, cette stipulation devint obligatoire, et l'acheteur put forcer le vendeur à s'obliger « verbis quia assidua esset stipulatio. » (Ulpien, L. 31, p. 20, D. *de œdititio edicto* 21, 1. Ulpien, L. 37, pr. *de evict.* Paul, L. 2 *de evict.*)

Si le vendeur, en contractant n'avait pas eu l'intention de faire la promesse usitée, il aurait dû s'en expliquer ; il ne lui suffisait pas de garder le silence.

L'acheteur obtint ainsi par l'action ex empto, ce qu'il eût pu obtenir si la stipulation fût intervenue.

Cependant cela n'est pas tout à fait exact, car l'acheteur ne pouvait ainsi jamais réclamer que le double de son prix, tandis qu'il eût pu stipuler le triple, le quadruple.

Mais cela s'explique, parce qu'il n'était pas dans l'usage de stipuler au-delà du double du prix.

Malgré cette extension donnée à l'action ex empto, les deux actions n'en subsistèrent pas moins avec leurs effets propres. La stipulation, en effet, n'était usitée, et par conséquent sous-entendue, que dans les ventes d'objets précieux aussi pour les choses de peu de valeur ne pouvait-on obtenir que la réparation du préjudice causé.

Nous avons adopté l'ordre suivant pour développer la matière qui forme l'objet de cette thèse.

1° De l'éviction ;

2° De l'action *ex empto* ;

3° De l'action *ex stipulatu* ;

4° De l'exception *rei venditæ et traditæ* ;

5° Particularités qu'offre la vente d'un gage ;

6° Conventions extensives et restrictives de la garantie.

---

# CHAPITRE PREMIER

## DE L'ÉVICTION

L'éviction, dans un sens large, consiste dans tout fait qui est pour une personne la privation d'un avantage, d'une situation juridique, d'un droit qu'elle tient d'une autre. Évincer, proprement, est ôter quelque chose à quelqu'un en vertu de sentence : « Evincere est aliquid vincendo auferre. »

L'éviction suscite l'idée d'une défaite ou d'un triomphe suivant le point de vue auquel on se place.

L'éviction est le fait qui dépouille l'acheteur du bénéfice qu'il comptait réaliser.

Il faut distinguer entre l'action *ex empto* et l'action *ex stipulatu*. Pour que cette dernière action puisse s'exercer de rigoureuses conditions sont exigées, que nous examinerons dans un chapitre à part.

Nous allons maintenant traiter de l'éviction au point de vue de l'action *ex empto*, sans nous préoccuper de l'action *ex stipulatu*. Voici quelle division nous avons adoptée.

Nous verrons 1° quelles évictions donnent lieu à garantie; 2° à qui la chose doit être évincée; 3° quelle chose doit être évincée.

## SECTION PREMIÈRE

### QUELLES ÉVICTIONS DONNENT LIEU A GARANTIE

Évictions qui procèdent d'une cause antérieure à la vente.

L'éviction *stricto sensu* est le résultat d'une sentence rendue par le juge qui dépouille l'acheteur; ainsi entendue, l'éviction peut provenir d'une cause antérieure ou d'une cause postérieure à la vente.

Pour que l'éviction donne lieu à garantie, il faut qu'elle ait une cause antérieure à la vente, sans distinguer si elle procède ou ne procède pas du fait du vendeur. Cette distinction sera nécessaire, lorsque nous examinerons l'hypothèse d'une éviction dont la cause est postérieure à la vente.

Nous entendons par cause antérieure à la vente : par exemple, lorsque l'acheteur se trouve évincé par suite de ce que le vendeur n'était pas propriétaire ou qu'il avait hypothéqué la chose pour garantie de ses dettes ou de celles d'autrui, ou bien encore parce qu'il existait avant la vente, quelqu'un ayant un droit qui pouvait lui permettre un jour de se faire délaisser la chose.

Évictions qui procèdent d'une cause postérieure à la vente.

Ces évictions donnent lieu à garantie, lorsqu'elles procèdent du fait du vendeur, autrement elles n'y donnent pas lieu.

Nous n'aurons pas à démontrer que le vendeur doit garantie pour les évictions qui procèdent de son fait, quoique la cause soit postérieure à la vente, tellement la chose est évidente.

Il est clair, en effet, que si, après la vente, je revends ou j'hypothèque la chose, je dois être tenu de cette éviction, car j'ai contrevenu, par le fait de cette revente, ou de cette hypothèque à mon obligation « de præstare emptori fundum habere licere. »

La distinction que nous venons d'établir au sujet de la garantie parmi les évictions qui procèdent d'une cause postérieure à la vente, en exigeant le fait du vendeur s'explique, parce que la chose vendue est aux risques de l'acheteur depuis le contrat.

La loi 11, D. *de evict.*, nous fournit un exemple d'une éviction dont la cause est postérieure à la conclusion de la vente, et qui ne provient pas du fait du vendeur.

« Lucius Titius prædia in Germania trans Rhe-» num emit, et partem pretii intulit : cum in resi-» duam quantitatem heres emptoris conveniretur, » quæstionem retulit dicens, has possessiones ex » præcepto principali partim distractas, partim » veteranis in prœmia adsignatas : quæro an hujus » rei periculum ad venditorem pertinere possit? » Paulus respondit futuros casus evictionis post » contractam emptionem ad venditorem non per-» tinere : et ideo secundum ea quæ proponuntur, » pretium prædiorum peti posse. »

C'est par le fait du prince que l'acheteur est évincé, il n'aura pas de recours, dit le jurisconsulte, car les chances d'éviction survenues après la vente ne doivent pas être à la charge du vendeur.

De ce que la chose est aux risques de l'acheteur depuis la vente, il résulte que le vendeur n'est pas garant des évictions qui proviennent d'une sentence injuste, rendue contrairement au droit, par suite de la sottise ou de la vénalité d'un juge (L. 51, pr. D. *de evict.*)

C'est là une injustice faite à l'acheteur et dont il est victime, mais qui ne peut retomber sur le vendeur.

L'acheteur, d'ailleurs, a commis une imprudence, en ne dénonçant pas à son vendeur l'action intentée contre lui ; car celui-ci eût été obligé de prendre son fait et cause, et la sentence eût été rendue contre lui au lieu de l'être contre l'acheteur, qui, par conséquent, n'aurait pas à souffrir de la sentence injuste à laquelle il serait étranger.

L'éviction, *lato sensu*, est, avons-nous dit, tout fait qui dépouille l'acheteur du bénéfice qu'il comptait réaliser, nous allons en voir deux applications.

L'abandon de la chose vendue, que l'acheteur fait quoique sans sentence, à un tiers qui, dès le temps du contrat de vente, en était propriétaire, donne lieu à la garantie, en justifiant par l'acheteur que celui à qui il a fait l'abandon, avait effectivement cette qualité.

C'est le moyen de prévenir des frais inutiles occasionnés par une résistance sans but; mais c'est à l'acheteur à prouver que la prétention du revendiquant était assez bien fondée pour qu'il n'y eût point à s'y opposer.

C'est une espèce d'éviction *lato sensu*, qui donne lieu à la garantie, lorsque depuis la vente que vous m'avez faite d'une chose, je succède à cette chose, soit à titre universel, soit à titre singulier, même à titre lucratif, à un tiers qui en était le vrai propriétaire.

Ceci est démontré par un grand nombre de textes. Ainsi Ulpien, en la loi 13, p. 15 *de act. empt.*, L. XIX, t. 1, dit : « Si vous me vendez le fonds d'autrui, et que j'en devienne propriétaire à titre gratuit, j'aurai néanmoins contre vous l'action *ex empto.* » En effet, le vendeur qui ne m'a pas procuré la jouissance paisible de la chose, puisque ce n'est pas grâce à mon titre d'acquisition que je la possède, a manqué à son obligation de *mihi rem habere licere,* il doit donc m'indemniser du préjudice que j'éprouve par suite de l'inaccomplissement de son obligation. Les lois 29 D. *de act. empt.* 84, p. 5 *de legatis et fideic.* D. 30, 1, 9 et 41 *de evictionibus,* ne sont pas moins formelles.

Les évictions que nous venons d'examiner donnent lieu à garantie dans les cas indiqués, toutefois les décisions que nous avons données ne seront absolument exactes que si nous apportons la restriction suivante. Il faut que l'éviction n'ait pas eu lieu par le fait ou par la faute de l'acheteur.

Le fait de l'acheteur peut être antérieur à la vente. Si, par exemple (l. 20 D. *de evict.*), après avoir hypothéqué mon fonds, je vous le vends, sans convenir que vous serez responsable de l'hypothèque, et que je vous le rachète en me faisant garantir en cas d'éviction : cette garantie n'embrasse pas l'hypothèque que j'ai primitivement constituée ; et si, dans le cas où je serais évincé par le créancier hypothécaire, j'agissais en garantie contre mon vendeur, il me repousserait par l'exception de dol.

Ce résultat est conforme à l'équité, je ne puis me plaindre d'une éviction qui procède de mon fait.

Pomponius (l. 34, *de evict.*) nous cite également une espèce où l'acheteur est évincé par son fait. Si vous achetez une esclave avec cette condition que vous n'aurez pas le droit de la prostituer, et que dans le cas où elle serait prostituée elle deviendrait libre ; et que vous manquiez à cette condition, l'esclave deviendra libre et vous serez censé l'avoir affranchie, par suite, vous n'aurez aucun recours.

Vous n'aurez aucun recours, en effet, car c'est par votre fait, *faciente te* ; que cette esclave a cessé de vous appartenir, qu'elle a obtenu la liberté.

L'acheteur serait également dépourvu de toute action contre son vendeur, s'il avait succombé sur une exception qui lui était personnelle, par exemple : sur l'exception tirée de son serment, l'exception *juris jurandi* (l. 27, D. *de evictionibus*).

Toutes les fois que l'acheteur aurait pu éviter l'éviction, elle est censée survenue par sa faute, et, par conséquent, il ne peut agir en garantie contre le vendeur.

L'acheteur est en faute.

1° Lorsqu'il a négligé dans sa défense de suivre les conseils de son vendeur, si toutefois il est établi qu'à supposer qu'il les eût suivis, il eut triomphé. « Si, cum venditor admonuisset emptorem, » ut Publiciana potius, vel ea actione, quæ de fundo » vectigali proposita est, experiretur, emptor id fa- » cere supersedit : omnimodo nocebit ei dolus suus, » nec committitur stipulatio (l. 66, D. *de evict.*).

2° Lorsqu'il a fait défaut, et que par suite de ce défaut il a perdu le procès. « Magis enim propter

» absentiam victus videtur, quam quod malam cau-
» sam habuit » (Ulpien l. 55, D. *de evict.*).

Il suffit pour que l'acheteur puisse agir en garantie, que la cause ait été défendue, il n'est pas nécessaire que lui même ait été présent, si quelqu'un s'est présenté à sa place (l. 55, D. *de evict.*).

3° L'acheteur qui pouvait conserver la possession et la propriété de la chose vendue, en invoquant soit la prescription, soit l'usucapion, et qui ne l'a pas fait, est en faute. « Qui alienam rem vendidit
» post longi temporis præscriptionem vel usuca-
» pionem desinit emptori teneri de evictione (Gaius l. 54, D. *de evict.*).

Il est en faute également l'acheteur qui avait la possibilité d'acquérir la chose par usucapion et qui ne l'a pas fait. « Si cum possit usucapere emptor
» non cepit, culpa sua hoc fecisse videtur. Unde si
» evictus est servus, non tenetur venditor » (Paulus l. 56, p. 3, D. *de evict.*).

Cependant bien que l'usucapion ait été acquise, le vendeur n'est pas encore certain de n'avoir pas à subir un recours de la part de l'acheteur. Il est possible, en effet, que l'acheteur, bien qu'il eût acquis la chose par usucapion, soit évincé par le propriétaire, si celui-ci se trouve dans des conditions à intenter la publicienne rescissoire. Dans cette hypothèse, par un esprit d'équité, le jurisconsulte restitue à l'acheteur un moyen d'agir contre son vendeur, il lui accorde une action utile en garantie. Papinien s'exprime ainsi : « Si is qui reipublicæ causa

» abfuit, fundum petat, utilis possessori pro evic-
» tione competit actio. (L. 66, D. p. 1, *de evict.*). »

Nous avons vu que l'acheteur était en faute, lorsqu'il ne s'était pas présenté pour défendre la cause. Est-il également en faute, si, condamné par une première sentence, il n'en appelle pas? A cette question, le jurisconsulte Modestin répond en ces termes : « Gaïa Seïa fundum a Lucio Titio emerat,
» et quæstione mota fisci nomine, auctorem lau-
» daverat et evictione secuta fundus ablatus, et
» fisco adjudicatus est, venditore præsente : Quæ-
» ritur, cum emptrix non provocaverat, an vendi-
» torem poterit convenire? Herennius Modestinus
» respondit, sive quod alienus fuit, cum veniret,
» sive quod tunc obligatus, evictus est : nihil pro-
» poni, cur emptrici adversus venditorem actio
» non competat. (L. 63, p. 1, D. *de evict.*). »

Je ne pense pas qu'il faille distinguer si le vendeur était présent ou non au procès, du moment que la dénonciation lui a été faite en temps utile : je crois que dans tous les cas, « venditore præsente » aut non præsente », l'acheteur n'a pas besoin d'appeler de la sentence qui l'a condamné.

Le vendeur, qui a été prévenu, doit être présent pour conseiller l'acheteur auquel on ne peut reprocher de ne s'être pas incliné devant la décision du juge. Cependant, il faut distinguer si le vendeur était présent ou non. S'il était présent, et qu'une sentence injuste ait été rendue contre l'acheteur, celui-ci aura un recours qu'il n'aurait pas dans le cas contraire. « Si judicio emptor non adfuit, » aut præsens per injuriam judicis victus, absente » auctore vel fidejussore : regressum adversus eum » non habet. (L. 8, *in fine*, C. 8, 45.) »

Dénonciation que l'acheteur doit faire au vendeur.

Pour qu'une éviction donne lieu à garantie il ne suffit point des conditions positives et négatives que nous avons examinées, il faut encore que l'acheteur ait dénoncé à son vendeur le procès qu'on lui intentait, et qu'il lui ait fait cette dénonciation en temps utile. Cette obligation est ainsi exprimée par les textes. « Emptor auctorem laudare debet (l. 63, p. 1, D., *de evict.*). La *denuntiatio litis* a pour but de permettre au vendeur d'intervenir au procès, et de fournir à l'acheteur les renseignements, documents, etc., et enfin tout ce qui peut l'aider à triompher de la prétention de son adversaire. La sanction de cette obligation imposée à l'acheteur, consiste, en ce qu'en cas d'éviction, il est dépourvu de toute action en garantie. Il ne peut recourir contre son vendeur ni par l'action *ex empto* ni par l'action *ex stipulatu*. « Emptor fundi, nisi auctori aut » heredi ejus denuntiaverit : evicto prædio, neque » ex stipulatu, neque ex dupla, neque ex empto » actionem contra venditorem ejus habet » (l. 8, C. 8, § 45). Les empereurs Dioclétien et Maximien expriment, dans leur rescrit, la même idée. « Si » quum quæstio tibi super eo, quem comparaveras » moveretur, auctorem tuum certum fecisti : nec

» citra judicis disceptationem, eum quem emeras, » tradidisti; præses provinciæ in dammis quæ te » tolerasse meministi, medelam juris adhibebit » (l. 17, C. 8. 45).

Lorsque l'acheteur était dans la possibilité de faire cette dénonciation et qu'il ne l'a pas faite, il ne pourrait avoir de recours en cas d'éviction, car il serait considéré comme coupable de dol et par suite privé d'action (l. 53, p. 1, D., *de evict.*).

A qui la dénonciation doit-elle être faite?

La dénonciation doit-être faite d'abord et dans tous les cas au vendeur, lors même que le vendeur serait un esclave (L. 39, § I, *in fine*, D. *de evict.*)

Si le vendeur est mort laissant plusieurs héritiers la dénonciation doit être faite à tous (L. 62, § 1, D. *de evict.*) Dans le cas où le vendeur est un esclave, après sa mort, l'acheteur devra faire la dénonciation au maître (L. 39, §. 1. *in fine* D. *de evict.*).

Il suffit de faire la dénonciation au vendeur, sans qu'il soit nécessaire d'avertir les fidéjusseurs, pour avoir un recours contre eux. « Auctore laudato, si evicta res est, fidejussorem etiam si agi causam ignoraverit conveniri evictionis nomine posse non ambigitur (L, 7, C, 8, 45).

La dénonciation, en principe, doit être faite au pupille *cum auctoritate tutoris*, cependant il suffit qu'elle ait été faite au pupille seul, si le tuteur est inconnu, ou si étant connu on ne peut le trouver (L. 56, p, 7, D. *de evict.*).

Aucun délai n'est fixé pour la dénonciation, toute

fois il est nécessaire qu'elle ait été faite en temps opportun, car elle a pour but de permettre au vendeur de fournir à l'acheteur les moyens de repousser la prétention de son adversaire. La dénonciation serait donc tardivement faite et par suite sans valeur, si elle avait lieu à la veille de la condamnation « Quolibet tempore venditori renuntiari potest ut de ea re agenda adsit, quia non præfinitur certum tempus in ea stipulatione; dum tamen ne prope ipsam condemnationem id fiat (L, 29, p. 2, D, *de evict.*).

Si l'acheteur n'a pu faire la dénonciation parce que son vendeur s'était arrangé de telle façon que cela lui était impossible, il sera censé avoir accompli son obligation et par suite en cas d'éviction il aura un recours en garantie (L. 56, p, 5, *de evict.*). Nous accorderons également une action à l'acheteur dans le cas où il n'a pu découvrir la demeure du vendeur, quand même on ne pourrait lui reprocher de s'être dissimulé aux recherches de l'acheteur (L. 56, p. 6, D. *de evict.*). Il résulte des décisions que nous venons de noter, que l'acheteur peut agir en garantie contre son vendeur, bien qu'il ne lui ait pas dénoncé la contestation, toutes les fois qu'il a fait tout ce qui lui était possible pour accomplir cette obligation.

Il n'a aucune faute à se reprocher par conséquent on ne peut le priver d'aucun de ses droits.

Le vendeur peut dispenser l'acheteur de la nécessité de cette dénonciation (L. 63, princ. D. *de evict.*).

## SECTION II

### A QUI LA CHOSE DOIT ÊTRE ÉVINCÉE

Il n'importe que la chose ait été évincée à l'acheteur lui-même, ou à son successeur en la dite chose pour qu'il y ait lieu à garantie, en notant toute fois, qu'il faut que l'acheteur ou ses héritiers éprouvent un préjudice de l'éviction.

En effet par l'action *ex empto* l'acheteur ou ses héritiers ne peuvent obtenir qu'une indemnité équivalente au dommage qui résulte pour eux de l'éviction que si le dommage n'est pas appréciable en argent comme par exemple, lorsque vous avez fait donation de la chose à Titius, envers lequel vous n'êtes pas obligé comme garant puisque le donateur n'est pas tenu à garantie, vous ne pouvez rien réclamer à votre vendenr, en cas de dépossession de Titius, car dans vos biens vous ne souffrez aucun préjudice.

On ne peut évaluer en égard à l'affection que vous portez à Titius, le chagrin que vous éprouvez à le voir évincé de la chose que vous lui aviez donnée.

Mais il y avait un moyen, pour permettre au donataire d'obliger le vendeur de son donateur à réparer le préjudice très-appréciable qu'il éprouvait, qui consistait à faire dans l'acte de donation cession de tous droits et actions par rapport à la chose (L. 59, D. *de evict.*).

Lorsqu'une personne a vendu une chose qui ne lui appartenait pas et que l'acheteur devient l'héritier du véritable propriétaire Paul (L. 41 p. 2, *de evict.*), lui accorde une action contre son vendeur et contre les fidéjusseurs. Lorsque les qualités de créancier et de débiteur se réunissent dans le même sujet, un compte s'établit entre l'hérédité et l'héritier. Le défunt était-il créancier, l'hérédité qui parvient au débiteur est réputée augmentée du montant de la créance, comme si l'héritier versait dans l'hérédité ce qu'il devait au défunt. Etait-il débiteur, l'héredité que recueille le créancier est réputée diminuée du montant de la dette comme si l'hérédité payait à l'héritier ce que lui devait le défunt·

Ainsi le jurisconsulte se fonde sur ce qu'en droit le paiement est réalisable, et qu'il doit être réputé accompli par un compte entre l'hérédité et l'héritier.

Dans le cas de constitution de dot, nous avons la loi 71 *de evict.* qui donne une décision spéciale au cas où la dot a été constituée par le père.

Paul, auquel appartient ce texte, accorde au père en cas d'éviction de la chose donnée en dot, l'action *ex stipulatu*, lorsque sa fille est restée sous sa puissance, en se fondant sur ce qu'il importe au père que sa fille soit dotée, et sur la possibilité de la voir un jour recouvrer la dot. « Interest enim patris, filiam dotatam habere, et spem quandoque recipiendæ dotis utique, si in potestate sit. »

En effet à défaut du fonds dotal qui devait permettre au mari de supporter les charges du mariage le père peut être dans la nécessité de pourvoir à l'entretien de sa fille. De plus, il y a certitude que, s'il est encore vivant lors de la dissolution du mariage, de quelque manière que cette dissolution arrive, il aura droit à l'action *rei uxoriæ*, c'est-à-dire au recouvrement de la dot. Le mariage se dissout-il par le prédécès de la femme, le père agit seul *de dote restituenda;* si le mariage se dissout par le divorce ou par le prédécès du mari, c'est encore le père qui agit, mais *adjuncta filiæ personâ.*

Le jurisconsulte vient de donner une solution dans le cas où la fille est restée sous la puissance de son père, il examine maintenant le cas où la fille a été émancipée. Dans cette dernière hypothèse, il est moins ferme, « vix poterit defendi, committi » stipulationem, cum uno casu ad eum dos regredi » possit. »

Cependant dit-il le père a un intérêt à agir, car s'il n'y avait pas eu éviction, à supposer sa fille morte pendant le mariage, il aurait pu répéter la dot. Se fondant sur cet intérêt, se basant en outre sur ce que sa décision sera plus conforme à l'affection paternelle (quod magis paterna affectio inducit) Paul accorde au père le droit de poursuivre son garant. Ainsi l'affection du père pour la fille constitue chez le père un intérêt à ce que la dot subsiste, intérêt suffisant pour qu'on puisse dire que l'éviction subie par le mari réfléchit contre son beau-père.

Thyphoninus dans la loi 75 *de jure dotium* D. 23, 3, accorde une action à la femme, dans le cas d'éviction d'un fonds qu'elle s'est constituée en dot, il s'exprime ainsî.

Quoique la dot appartienne au mari, c'est cependant, un bien de la femme, c'est ainsi qu'on a décidé avec raison, que la femme s'étant constitué sans estimation un fonds en dot, au sujet duquel elle avait eu la précaution de se faire promettre le double en cas d'éviction. aurait, son mari ayant subi l'éviction dudit fonds, l'action *ex stipulatu*.

Pour donner cette solution l'auteur de la loi se fonde sur ce que la femme, bien que n'étant pas propriétaire de la dot, souffre de l'éviction du fonds, en ce sens qu'il cesse de faire partie de sa dot. Ce préjudice ajoute Typhoninus n'est pas seulement un préjudice éventuel, résultant de la restitution possible de sa dot à la dissolution du mariage, c'est encore un préjudice actuel.

En effet les fruits des biens dotaux sont appliqués aux besoins eommuns, aux dépenses du ménage, aux charges du mariage, par conséquent employés dans l'interêt et au profit de la femme tout autant qu'au profit du mari.

L'hypothèse de cette loi présentait une difficulté, parce que le fond avait été constitué en dot sans estimation : Si au contraire la femme avait donné le fonds au mari avec estimation, le mari évincé aurait eu contre elle son recours par l'action exempto; ét, l'éviction retombant ainsi sur elle, son intérêt à agir elle-même à cause de cette eviction serait évident.

Si la dot avait été constituée par une dictio dotis ou par stipulation, l'action en garantie serait également accordée à la femme sans difficulté, parce qu'elle même s'étant obligée vis à vis de son mari resterait tenue après l'éviction,

## SECTION III

### QUELLE CHOSE, DOIT AVOIR ÉTÉ ÉVINCÉE POUR QU'IL Y AIT LIEU A GARANTIE ?

*Ventes des choses corporelles.* — L'éviction partielle, soit d'une part divise, soit d'une part indivise de la chose vendue, donne lieu aux mêmes recours que l'éviction totale. (l. 1, *D.*, *de évict.*).

L'éviction de ce qui reste de la chose après son extinction, ou l'éviction des accessoires de cette chose donne ouverture à l'action, ex empto (1, 8, *D, de evict.*) parce que le vendeur est obligé de fournir à l'acheteur l'équivalent de tous les avantages que celui-ci eût retiré de la chose s'il l'en avait rendu propriétaire. Les lois 42 et 43 D *de evict.*. ne font pas obstacle à ce que nous venons de dire elles sont relatives à le *stipulatio duplæ*.

Dans le cas où le fonds vendu se trouve grevé d'une servitude personnelle ou prédiale, dirons-nous qu'il y a éviction partielle et accorderons nous l'action en garantie à l'acheteur.

Quant aux servitudes personnelles à l'usufruit, à l'usage et à l'habitation, il n'est pas douteux que les jurisconsultes Romains n'aient considéré comme une éviction partielle la découverte faite par l'acheteur que le fonds vendu était grevé dc telles servitudes.

Dans la loi 43 D. *de evict.*, Julien assimile l'éviction de l'usufruit à l'éviction partielle en disant :

« Si l'acheteur d'une vache se voit enlever un veau, né depuis la vente il ne peut agir par l'action *ex stipulatu ;* car il n'y a pas éviction de la chose, ni de l'usufruit de cette chose. »

La loi 49 D. *de evict.* est conçue dans le même sens. « Si ab emptore ususfructus petatur, proinde is venditori denuntiare debet, atque is a quo pars petitur. » La dénonciation au vendeur est le commencement du recours en garentie et Gaïus raisonne en faisant une assimilation de l'usufruit à une part de la chose.

Africain est du même avis « Fundum, cujus ususfructus Attii erat, mihi vendidisti nex dixisti usumfructum Attii esse; hunc ego Mævio, detracto usufructu, tradidi : Attio capite minuto non ad me sed ad proprietatem usumfructum redire ait, neque enim potuisse constitui usumfructum eo tempore quo alienus esset : sed posse me venditorem te de evictione convenire : quia æquum sit, eamdem causam meam esse quæ futura esset, si tunc ususfructus alienus non fuisset (L. 46, *de evict.*).

Vous m'avez rendu un fonds, grevé d'usufruit au profit d'Attius sans m'en prévenir ; je le revends à Maevius en me réservant l'usufruit : Attius subit une *capitis minutio* l'usufruit ne me fait pas retour mais à la propriété, car un fouds déjà grevé d'usufruit ne peut être l'objet d'un autre usufruit ; mais je puis attaquer mon vendeur en garantie, car il est juste que ma situation soit la même, que si l'usufruit d'Attius n'avait jamais existé.

L'acheteur dans l'espèce a été privé de son droit par l'existence du droit d'Attius, qui a fait obstacle à la validité de la réserve d'usufruit insérée dans la seconde aliénation.

Nous pouvons encore citer un passage d'Ulpien où il n'est pas seulement question de l'usufruit, mais encore de l'usage.

« Si quis forte non de proprietate, sed de possessione nuda controversiam fecerit, vel de usufructu vel de usu, vel de quo alio jure ejus quod distractum est, palam est committi stipulationem. » (L. 38, p. 3, *de verb. oblig.*, D. L. 45, t. 1).

Cette expression *de quo alio jure* paraît se rapporter à un *jus in agro vectigali*, soit à un droit de superficie. Mais faut-il donner à ces mots un sens plus large encore et y faire rentrer les servitudes prédiales? Non assurément, et cela nous conduit à parler de la controverse qui existe sur ce point entre les interprètes du droit Romain.

Le vendeur est-il soumis à un recours à raison des servitudes prédiales qui grévent le fonds vendu? La solution de cette question dépend de l'interprétation donnée à deux textes du digeste. Le premier est de Vénuléïus : « quoad servitutes » prædiorum attinet, si tacite secutæ sunt, et vin- » dicentur ab alio : Quintus Mucius et Sabinus » existimant, venditorem ob evictionem teneri » non posse : nec enim evictionis nomine quem- » quam teneri in eo jure, quod tacite soleat acce- » dere, nisi ut optimus maximusque esset, traditus » fuerit fundus : tunc enim liberum ab omni ser- » vitude præstandum l. 75, *de evict.* »

Le second est d'Ulpien : « quoties de servitude » agitur, victus tantum debet præstare quanti mi- » noris emisset emptor, si scisset hanc servitutem » impositam, » (loi 61, de *aed. edicto* D. 21. 1.

Plusieurs interprétations ont été proposées, nous nous contenterons d'analyser les trois principales. Voir Labbé p. 18 de la Garantie.

Une première opinion, présentée par Mainz (éléments du droit romain p. 189 p. 296 note 13,) distingue entre les servitudes apparentes et non apparentes. C'est, selon cet auteur, le seul moyen de concilier les textes de Venuleïus et d'Ulpien.

La loi de Venuleïus s'applique aux servitudes apparentes, et il faut une déclaration de liberté du fonds, *uti optimus maximusque*, pour que le vendeur soit tenu de garantir l'acheteur à raison de l'exercice de pareilles servitudes.

De cette façon on explique parfaitement le *si scisset hanc servitutem impositam*, de la loi d'Ulpien : en effet dans l'hypothèse de la loi 61, il s'agit de servitudes occultes, et la raison c'est que l'acheteur n'en avait pas connaissance, et comment les eut-il ignorées, si elles eussent été apparentes.

Pour admettre cette explication, il faut accepter, ce qui n'est pas prouvé que le texte de Venuleius ne se rapporte qu'aux servitudes apparentes.

Une seconde opinion, professée par Cujas, supprime toute distinction fondée sur l'apparence ou la non apparence de la servitude et leur applique une règle unique.

Y a-t-il eu déclaration de franchise *uti optimus maximus*, l'acheteur aura l'action *ex empto*, et dans le cas où une stipulation est venue s'ajouter à la déclaration de franchise, l'action *ex stipulatu*.

Si cette déclaration n'a pas eu lieu, Cujas accorde l'action *quanto minoris*, bien qu'il ne considère pas la servitude comme un vice rédhibitoire mais comme un vice du fonds.

L'intérêt de cette distinction qui amène à refuser l'action *ex empto*, lorsque l'action *quanto minoris* est accordée, consiste en ce que la première action est perpétuelle, et que l'autre ne dure qu'une année.

Cette opinion se fonde sur ce que la réclamation et l'exercice d'une servitude par un tiers ne saurait constituer une éviction, or Venuleïus n'accorde le droit d'agir *ob evictionem*, que lorsqu'il y a eu déclaration de franchise, *uti optimus maximus*. Le but du jurisconsulte serait donc de refuser l'action *ex empto*, sauf dans l'hypothèse particulière, prévue au texte.

Quant à nous, la troisième opinion, nous paraît beaucoup plus conforme aux textes, l'opinion, dans laquelle on n'admet la garantie que dans le cas où le fonds a été vendu comme libre, que les servitudes d'ailleurs soient apparentes ou non apparentes, peu importe. Si, dans le cas de franchise déclarée, des servitudes grèvent le fonds, il y a une éviction partielle qui donne lieu à un recours contre le vendeur.

Nous nous fondons sur un argument tiré de la loi de Venuleius, qui consiste à montrer l'opposition qui existe entre les deux parties de la loi et qui en précise le sens. S'il n'y a pas de déclaration « uti optimus maximus, » il ne peut être question d'un recours en garantie, que le texte n'accorde que dans le cas où le fonds a été vendu comme libre.

Une loi de Celsus, 59, D., 18, 1, est conçue dans le même sens. Il oppose également la solution qu'il donne en cas de déclaration de franchise à celle qu'il indique en cas d'absence de cette déclaration.

Si l'on admet notre manière d'envisager les deux lois que nous venons d'examiner, il ne nous restera plus qu'à expliquer la loi d'Ulpien.

Pour nous, l'auteur de la loi 61, D. *de œdilitio. edicto* 21, 1, n'a pas songé à indiquer quelle action il accorderait en cas d'éviction ; il n'a pensé qu'à règler le montant de la condamnation à intervenir pour réparer le préjudice causé à l'acheteur par l'exercice de la servitude.

Nous avons un texte de Paul qui s'occupe également de l'évaluation du préjudice. « Si servitus » evincatur quanti minoris ob id prædium est, lis » æstimanda est (l. 15, *de evict.*).

Cependant ne concluons pas de ce que le vendeur n'a point fait de déclaration de franchise, qu'il sera à l'abri, en tous cas, d'un recours de l'acheteur obligé de subir une servitude.

Il résulte en effet de l'obligation imposée au vendeur, *purgari dolo malo*, que s'il a connaissance de la servitude et qu'il en dissimule l'existence à l'acheteur soit par une fausse déclaration, soit en négligeant de l'en prévenir, il doit réparer le préjudice qu'il a causé par son dol.

Cependant cette décision n'est absolument exacte que dans le cas où l'acheteur a ignoré l'existence de la servitude. car on ne peut cacher une chose à quelqu'un qui la connaît ; on n'a point l'obligation de certifier une chose à une personne qui n'en ignore. (L. I, p. 1, *de act. empti et venditi*, D. l. 19, 1.)

Nous avons supposé jusqu'à présent qu'un droit de servitude était réclamé sur le fonds vendu. Quelle décision donnerons-nous, si l'acheteur se voit contester avec succès l'exercice d'une servitude dont paraissait jouir le fonds vendu? Le vendeur n'est pas tenu à garantie, alors même qu'il eût déclaré le fonds *optimus maximus*, à moins qu'il n'ait affirmé l'existence au profit du fonds de la servitude niée par le voisin.

Cela résulte de la loi 75 *de evict. in fine*, dont nous connaissons la première partie. « Si vero » emptor petat viam, vel actum, venditorem teneri » non posse : nisi nominatim dixit, accessurum iter, » vel actum; tunc enim teneri eum qui ita dixerit. » Et vera est Quinti Mucii sententia ut qui optimum maximum fundum tradidit, liberum præstet, non etiam deberi alias servitudes : nisi hoc » specialiter ab eo accessum sit.

## DE LA VENTE DES CHOSES INCORPORELLES

*Vente d'une servitude.* — La vente d'une servitude ne présente rien de particulier. Le vendeur est garant de l'avantage qu'il s'est engagé à procurer.

La vente d'une servitude peut avoir lieu de deux manières : ou bien je vous vends une servitude à constituer sur mon fonds, ou je vous vends l'émolument d'une servitude déjà constituée et que je prétends m'appartenir, par exemple l'émolument d'un droit d'usufruit. L'acheteur ne devient certainement pas usufruitier, mais je dois lui procurer tous les avantages attachés à cette qualité.

Lorsque l'acheteur, par suite d'une cause antérieure à la vente, ne peut exercer le droit de servitude que le vendeur devait lui faire obtenir, celui-ci est obligé à garantie.

*Vente d'une créance.* — Le créancier qui cède sa créance ne répond pas de la solvabilité du débiteur ; son obligation de garantie ne consiste qu'à répondre de l'existence de la créance.

Ulpien s'exprime ainsi L. 4, D. *de hereditate* etc. l. 18, t. IV, « Si nomen sit distractum, celsus l. IX » digestorum scribit, locupletem esse debitorem, » non debere præstare : debitorem autem esse præs» tare, nisi aliud convenit. » Hermogènianus émet la même doctrine (l. 74, p. 3 D. *de evict.*) « Qui » nomen quale fuit vendidit, duntaxat ut sit, non » ut exigi etiam aliquid possit, et dolum præstare » cogitur. »

L'insolvabilité du débiteur même antérieure à la vente, nous le voyons, n'entraîne aucune action en garantie contre le créancier vendeur à moins qu'il n'y ait eu dol de sa part. Si, par exemple, le vendeur connaissant parfaitement la situation de son débiteur s'est arrangé de façon à ce que l'acheteur ne pût arriver à en avoir connaissance, il manque de bonne foi, et par conséquent il est responsable.

Quant à l'insolvabilité postérieure à la vente, il est naturel qu'elle soit assimilée à un cas fortuit et mise aux risques de l'acheteur, sauf convention contraire.

Nous avons dit que le vendeur était obligé de garantir l'existence de la créance, par suite de garantir qu'une action existe, et que cette action ne sera paralysée par aucune exception.

Ulpien nous indique que le vendeur doit : *debitorem autem esse præstare.* et Paul ajoute au texte suivant *et quidem sine exceptione.* (L. 4 et 5 D. *de hereditate* 18, IV.)

Le vendeur est également obligé de garantir le montant de la créance qu'il cède, s'il en a fixé le chiffre ; dans le cas contraire, il ne doit garantie que s'il n'est rien dû.

« Si certæ summæ debitor dictus sit, in eam » summam tenetur venditor ; si incertæ, et nihil » debeat, quanti intersit emptoris. » (Paul, l. 5, D., *de hereditate*.)

Supposons que la créance vendue ait été en apparence corroborée par une fidéjussion, ou par un gage, ou par une hypothèque, et recherchons ce que le vendeur doit garantir à l'acheteur relativement à ces accessoires. L'interprétation de la loi 30 D. *de pignoribus et hypothecis*, l. 20, t. I, a soulevé une grave difficulté, elle est ainsi conçue.

« Periculum pignorum nominis venditi ad emp» torem pertinet, si tamen probetur eas res obli» gatas fuisse. »

La difficulté consiste dans la manière d'interpréter le mot *periculum*. Quel sens a-t-il dans ce fragment ?

Cujas et Pothier soutiennent qu'il suffit qu'un gage ait été constitué, sans s'occuper de savoir s'il l'a été valablement, c'est-à-dire sur une chose appartenant à celui qui a concédé le droit de gage. Dans cette opinion, le *periculum* qui peut atteindre l'acheteur, consiste en ce qu'il peut se voir évincé du gage par le propriétaire.

Ainsi le vendeur n'est pas tenu à garantie, s'il a constitué un gage sur une chose qui ne lui appartenait pas, mais seulement s'il n'y a pas eu de constitution de gage.

Ces auteurs s'appuient sur une loi de Papinien, dont voici le texte.

« Creditor qui pro pecunia nomen debitoris per » delegationem sequi maluit, evictis pignoribus, » quæ prior creditor accepit, nullam actionem cum » eo, qui liberatus est habebit. » (L. 68, p. 1, D., *de evict.*).

Cujas donne de cette loi l'explication suivante. Un créancier accepte de son débiteur, créancier lui-même d'une autre personne la créance, qu'il a sur cette personne en paiement de la dette.

La dation en paiement ressemble à une vente et en reçoit les règles. Le déléguant comme un vendeur de créance, « tenetur ut præstet nomen esse, actio- » nem esse, debitorem esse, non ut præstet nomen » esse idoneum, non ut præstet pignora esse in bonis » debitoris, quia tale jus cedit et vendit quale ha- » buit nec optimum id jus præstare debet. »

Dans une autre opinion savamment développée

par M. Labbé, dans son traité de la garantie, p. 29, on distingue deux hypothèses.

La vente a-t-elle eu lieu sans que le vendeur ait indiqué ni spécifié aucune des sûretés qui garantissent la dette? Ces sûretés profitent à l'acheteur, car elles doivent lui être fournies sans aucune convention. Mais comme elles n'ont pas fait partie de la vente, l'acheteur n'a pas dû y compter, et par conséquent, le vendeur n'est tenu à aucune garantie.

La vente a-t-elle été accompagnée d'une déclaration des sûretés qui fortifient la créance, par exemple d'un gage? Ce gage est compris dans le contrat et en forme un des objets. Le vendeur doit donc garantir non-seulement qu'il y a eu constitution de gage, mais qu'il y a eu constitution valable, faite *a domino*.

Pour nous, le *periculum* qui peut atteindre l'acheteur dans la loi 30, c'est l'insuffisance de la valeur du gage.

Mais la loi de Paul, il faut l'avouer, se prête aux deux interprétations. Cependant, dans le dernier état du droit, sous Justinien, nous pensons donner une décision plus conforme aux principes, en exigeant non-seulement l'existence de la constitution de gage, mais encore sa validité; c'est-à-dire qu'il ait été constitué *a domino*. A cette époque, en effet, le pouvoir de vendre et d'aliéner est considéré comme de l'essence du contrat *de pignus*, il faut donc pour la validité du *pignus* qu'il soit consenti *a domino*. Antérieurement, il est vrai, on pouvait soutenir que le contrat *de pignus* est valablement formé, relativement à la chose d'autrui, et que la qualité de propriétaire par le constituant intéresse l'efficacité et non l'existence du gage. Cujas appuie la décision que nous avons combattue sur une loi de Papinien, l. 68, p. 1, D. *de evict.* qui, selon lui, s'occupe d'une dation en payement.

M. Labbé, dans la garantie, p. 96 et suiv., explique le texte par une novation, et par conséquent repousse l'argument que prétendait en tirer Cujas. Voici, dit-il, comment nous comprenons l'espèce : « Primus doit une somme d'argent à Titius. Il est lui-même créancier d'une somme ou valeur semblable de Secundus, avec affectation de certains biens en gage. Primus propose à Titius d'accepter pour débiteur Secundus avec les sûretés réelles que ce dernier a fournies et de le libérer, lui, Primus. Titius consent à cette novation. Il stipule, et par là devient créancier direct de Secundus. Les gages qui se rattachaient à la dette de Secundus envers Primus et qui devraient naturellement périr avec elle, sont réservés et reconstitués pour sûreté de l'obligation nouvelle de Secundus envers Titius. Puis des tiers revendiquent les biens remis en gage. Titius est évincé des sûretés sur lesquelles il a compté. A-t-il un recours contre Primus? Non, il n'en a pas. La novation a été purement et simplement accomplie. Le débiteur primitif est irrévocablement libéré.

Pour démontrer qu'il s'agit d'une novation, on s'appuie d'abord sur le *per delegationem*, car le mot délégation est presque synonyme de novation par changement de débiteur, celle dans laquelle le débiteur offrant une personne à sa place se trouve libéré (p. 263, *fragm. Vaticana*). L'expression *nomen sequi* est plusieurs fois employée par les jurisconsultes romains à propos de novations. (L. 41, p. 3, D. 23, 3. L. 45, p. 7, D. 17, 1.)

Enfin, le premier débiteur est libéré nous dit le texte. Or, il ne peut être libéré que par l'effet d'une novation. Une créance n'étant pas cessible, en droit romain, répugne à une véritable *datio in solutum*.

L'expédient de la *procuratio in rem suam* auquel on avait recours pour produire des résultats analogues à ceux d'un transport de créance n'entraînerait pas l'extinction de l'obligation primitive du déléguant.

Une fois admise, l'explication qui consiste à dire que dans le texte il s'agit d'une novation, il n'est pas étonnant de voir la décision du jurisconsulte, en cas d'éviction des gages, s'il n'accorde pas d'action au créancier, c'est que par l'effet de la novation le débiteur a été libéré. La novation et la cession de créance sont deux opérations profondément différentes, et il ne serait pas logique d'argumenter par analogie de l'une à l'autre.

La novation éteint le droit que la cession de créance conserve pour en transporter le bénéfice.

## DE LA VENTE D'UNE HÉRÉDITÉ

La vente de l'hérédité d'une personne vivante est absolument nulle (l. 30, *de pactis*, C. 2, 3.) comme contraire aux bonnes mœurs. L'empereur trouve que de pareils pactes sont affligeants et pleins de danger; cependant il existe un cas où ils sont valables, c'est lorsque la personne, dont l'hérédité est ainsi l'objet d'une vente, y consent.

Il ne suffit pas seulement de son consentement au moment du contrat, mais il faut encore qu'elle persévère dans les mêmes sentiments jusqu'à sa mort.

Si la vente est nulle, l'acheteur qui n'a pas payé son prix ne peut être forcé à le faire; s'il a payé il peut le répéter par la *condictio indebiti*.

Il ne peut être question de garantie dans une telle vente, aussi nous supposerons que la vente porte sur l'hérédité d'un homme actuellement décédé.

Le vendeur doit garantir à l'acheteur sa qualité d'héritier, c'est sa seule obligation; il ne répond ni de l'importance ni de la richesse de l'hérédité.

Le vendeur d'une créance ne garantit que l'existence de la créance, le vendeur d'une hérédité ne garantit que l'existence de sa qualité d'héritier.

L'éviction des choses regardées et livrées comme héréditaires n'engage pas la responsabilité du vendeur.

L'acheteur d'une hérédité doit, à ses risques et périls, en poursuivre les débiteurs, en revendiquer les biens entre les mains des possesseurs.

Le rescrit des empereurs Septime Sévère et Antonin Caracalla prouve la vérité de ce que nous venons d'avancer : (l. 1, *de evictionibus*, C. 8, 45.) « Emptor hereditatis rem a possessoribus sumptu » ac periculo suo persequi debet. Evictio quoque » non præstatur in singulis rebus, cum hereditatem jure venisse constet.... »

Nous pouvons compléter notre démonstration par un texte de Paul. « Si hereditas venierit, venditor res hereditarias tradere debet, quanta autem hereditas est, nihil interest l. 14, p. 1, D. *de* » *hereditate*, 18, 4. »

La vente de l'hérédité sera valable, lors même qu'il n'y aurait aucun profit à en retirer, tant que personne ne contestera la qualité d'héritier du vendeur. Que si cette qualité est contestée, par un tiers qui intente la *petitio hereditatis*, le vendeur doit défendre l'acheteur, et s'il succombe, réparer le préjudice causé. Nous avons supposé que la *petitio hereditatis* était intentée pour le tout, mais la solution serait la même, si au lieu d'être intentée pour la totalité de l'hérédité, elle ne l'était que pour partie.

Une personne au lieu de vendre une hérédité

purement et simplement, comme nous venons de le voir, peut vendre sa prétention à une hérédité, « Si quid juris esset ejus. »

Dans cette hypothèse, il ne peut y avoir lieu à garantie, par ce motif qu'indique Javolenus. L'acheteur qui peut tirer un grand bénéfice de l'opération doit en supporter les risques. « Quod si in traditione hereditatis id actum est, si quid juris esset » venditoris, venire, nec postea quidquam præs- » titum iri : quamvis ad venditorem hereditas non » pertinuerit, nihil tamen eo præstabitur; quia » id actum esse manifestum est, ut, quemadmo- » dum emolumentum negotiationis, ita periculum » ad emptorem pertineret. » (L. 10, D., 18, IV.) Pour compléter, citons un fragment d'Ulpien. « Nam hoc modo admittitur esse venditionem, » si qua sit hereditas esto tibi empta, et quasi spes » hereditatis : ipsum enim incertum rei veneat, ut » in retibus. » (L. 11, *de hereditate.*)

Cependant si le vendeur avait su que l'hérédité ne lui appartenait pas, il serait responsable du dol commis par lui, en vendant, comme présentant une chance d'être fondée, une prétention qu'il savait n'en pouvoir présenter aucune.

« Hoc autem sic intelligendum est, nisi sciens » ad se non pertinere, ita vendiderit : nam tunc » ex dolo tenebitur. L. 12. D. 18. IV. »

Paul résume dans un texte concis les règles que nous venons de tracer sur la garantie dans la vente d'une hérédité : « Quod si sit hereditas, et si non » ita convenit ut quidquid juris haberet venditor, » emptor haberet, tunc heredem se esse, præstare » debet : illo vero adjecto, liberatur venditor, si ad » eum hereditas non pertineat. L. 13. D. 18. IV. »

---

# CHAPITRE II

## DE L'ACTION EX EMPTO

L'action *ex empto*, nous l'avons dit, est l'action qui découle naturellement du contrat de vente, elle existe indépendamment de toute convention, c'est comme les juriconsultes l'appellent, en l'opposant à l'action *ex stipulatu*, l'action du contrat. Nous savons déjà que l'action *ex stipulatu*, résulte de la stipulation intervenue entre les parties contractantes pour donner plus d'efficacité à la vente. Cette action n'a qu'un but garantir l'acheteur contre l'éviction, tandis que par l'action du contrat le vendeur est non seulement tenu à garantir, mais encore forcé de remplir toutes les obligations qui résultent de la vente.

Nous allons examiner quel est le montant de l'indemnité à accorder à l'acheteur, en cas d'éviction, lorsque celui-ci élève sa réclamation au moyen de l'action *ex empto*.

Au début, les interprètes du droit romain furent tous d'accord pour décider que les textes des jurisconsultes n'accordaient à l'acheteur que la réparation du préjudice éprouvé par l'éviction, sans distinguer, si ce préjudice était inférieur ou supérieur au prix payé.

En un mot, l'action *ex empto* n'avait suivant eux qu'un objet unique, la condamnation à la somme représentative de l'intérêt que l'acheteur avait à ne pas être évincé.

Dumoulin le premier prétendit qu'il résultait des textes que cette action avait un double objet 1° le remboursement du prix payé par l'acheteur, dans tous les cas ; sans s'occuper du préjudice qu'il éprouvait. 2° une somme indéterminée, fixée par le juge, dans le cas où la perte résultant de l'éviction serait supérieure au prix.

Domat qui écrivit quelque temps après Dumoulin ne suivit pas sa doctrine, qui fut reprise par Pothier. (Du contrat de vente n° 69).

Aujourd'hui quelle opinion devons nous adopter? Celle suivie par Dumoulin et Pothier, où celle suivie antérieurement? Il nous semble que les premiers interprètes furent dans le vrai, et qu'il ressort de l'examen attentif des textes que l'action *ex empto* ne peut avoir qu'un seul objet, un objet unique, la condamnation à la réparation du préjudice causé à l'acheteur, par suite de l'éviction.

Nous allons commencer par faire un exposé de la doctrine que nous combattons. Dumoulin invoque l'équité, il trouve souverainement injuste que, si, par suite de détériorations fortuites, la chose a diminué de valeur, l'acheteur évincé ne puisse réclamer à son vendeur qu'une somme inférieure au prix par lui payé. Comment, dit-il, concilier avec l'équité une décision qui procure un bénéfice à une personne qui a vendu une chose qui ne lui appartenait pas, et fait éprouver un préjudice à celui qui l'a acquise de bonne foi.

Pothier de son côté s'exprime ainsi pour justifier sa décision : « La raison est qu'il est de la nature de tous les contrats commutatifs et synallagmatiques, tel qu'est le contrat de vente que l'une des parties ne contracte son engagement envers l'autre qu'à la charge que l'autre partie ne manquera pas au sien. C'est pourquoi n'ayant contracté envers mon vendeur l'engagement de lui payer le prix qu'autant qu'il ne manquerait pas au sien, et mon vendeur y ayant manqué par le défaut de tradition, ou faute de me défendre de l'éviction que j'ai soufferte, l'obligation que j'avais contractée envers lui de lui payer le prix, de même que le droit qui résultait à son profit de son obligation, se résolvent. Mon vendeur cesse dès lors d'avoir aucun droit au profit que je me suis obligé de lui payer ; d'où il suit qu'il ne peut rien exiger, et que s'il a été payé, il n'en peut rien retenir, et que je le puis répéter en entier, *condictione sine causa*. (Pothier traité du contrat de vente, n° 69).

Nous voyons que Pothier suppose une condition résolutoire tacite sur laquelle il appuie son argumentation. Mais cette condition résolutoire tacite existe-t-elle en droit romain? Nous ne le pensons pas.

Admettons toutefois qu'une condition résolutoire sous entendue existe dans le contrat de vente, qu'arrivera-t-il? c'est que la vente sera résiliée, qu'elle sera censée n'avoir jamais existé. Mais alors comment dans le cas où la chose a augmenté de valeur accorder à l'acheteur une indemnité supérieure à son prix? sera-ce en vertu de la vente? elle est résiliée. Pour être conséquent, il faudrait soumettre les deux cas à la même règle, car on ne peut tantôt nier, tantôt reconnaître l'existence de la vente.

En outre des considérations que nous venons d'exposer, cette opinion se fonde surtout sur un texte de Paul (l. 43, *de act. empti* 19. 1), qui d'après Dumoulin tranche la question qui nous occupe en sa faveur.

Il y voit nettement marquée la distinction entre les deux objets de la garantie :

Ce texte est ainsi conçu :

« De sumptibus vero, quos in erudiendum homi-
» nem emptor fecit, videndum est : nam empti judi-
» cium ad eam quoque speciem sufficere existimo :
» non enim pretium continet tantum, sed omne
» quod interest emptoris servum non evinci.

N'est-il pas clair dit Dumoulin, qu'en s'exprimant ainsi : « non enim pretium continet tantum, » sed omne quod interest, » le jurisconsulte a distingué nettement deux objets dans l'action *ex empto*; la répétition du prix qui ne peut faire de doute, et la question des dommages et intérêts, sur laquelle il est appelé à donner sa consultation, *videndum est.*

Dans l'opinion que nous avons adoptée, on s'appuie également sur la loi de Paul, mais avant de l'examiner à notre point de vue, reprenons les arguments qui nous ont été opposés.

Dumoulin nous dit qu'il serait injuste que le vendeur conservât l'excédant du prix, si la chose avait diminué de valeur, car cet excédant serait entre ses mains à titre lucratif. Veut-il dire que le prix lui aurait été payé sans cause? que la dette de l'acheteur n'ayant d'autre cause que l'acquisition de la chose vendue, n'a jamais eu d'existence, puisque la cause en était illusoire? que par conséquent le prix pouvait être répété? Mais c'est là une erreur. Le prix n'a pas été payé *ob causam futuram*, mais parce qu'il était du, et cette dette n'avait d'autre cause que l'obligation contractée par le vendeur. Par le contrat de vente, il se forme deux obligations: celle du vendeur et celle de l'acheteur; chacune d'elles est la cause de l'autre. Dès qu'elles ont valablement pris naissance, elles sont désormais indépendantes l'une de l'autre. L'acheteur qui a payé le prix a rempli son obligation : ce payement est définitif, car le payement valablement fait d'une dette valable ne peut pas être répété. Quant à l'argument de Pothier consistant à sous entendre une condition résolutoire, nous avons déjà dit, qu'en droit romain il n'existait pas de condition résolutoire tacite en matière de vente.

Il nous reste donc à expliquer la loi 43 *de act. empt.* qu'on nous oppose, et dont on ne peut tirer argument qu'en détachant un fragment du texte, sans tenir compte de ce qui précède et de ce qui suit. Il resulte justement de la façon dont cette phrase « non enim pretium continet tantum, sed omne, quod interest emptoris » est encadrée, qu'elle n'a pas la signification que veut lui donner Dumoulin. La portée des expressions du jurisconsulte se trouve précisée par l'hypothèse dans laquelle il se place et qui est la suivante.

Paul suppose qu'un esclave encore enfant a été vendu : l'acheteur a fait des dépenses pour son éducation. Cet esclave fait reconnaître par le prêteur qu'il avait reçu la liberté par *fidéicommis*. L'acheteur est donc évincé : il poursuit son vendeur en garantie. La question porte sur le *quantum* des dommages intérêts. Le jurisconsulte dit : Pour les frais d'éducation, il y a lieu d'examiner, car ils rentrent dans l'action *empti*, laquelle comprend non-seulement le prix, mais tout l'intérêt qu'avait l'acheteur à ne pas être évincé de l'esclave. Cela revient à dire que le prix n'est pas le maximum des dommages intérêts auxquels l'acheteur peut avoir droit. Et cela est si vrai, que Paul ajoute, craignant qu'on ne donne trop d'étendue à sa décision, que le vendeur n'est responsable que des dommages-intérêts qu'il a pu prévoir lors de la vente.

Ainsi l'espèce que Paul avait à examiner peut se

poser de cette façon. Quand il y a plus value de la chose, l'acheteur évincé peut-il réclamer toute la plus value? Il répond : En principe oui, car le vendeur n'est pas quitte en remboursant le prix, mais cependant, il ne peut être tenu que d'une plus value possible à prévoir. Exemple : si je vends un esclave à vil prix, et qu'il devienne un grand acteur ou un grand cocher du cirque, et que l'acheteur en soit évincé, je n'ai pas pu prévoir que cet esclave qui n'avait aucune valeur, au moment de la vente, deviendrait un acteur renommé ou un cocher du cirque, il serait donc injuste que je fusse obligé à réparer entièrement le préjudice causé par l'éviction.

Du reste, s'il peut rester quelque doute sur l'interprétation de cette loi, nous n'avons qu'à rapporter une autre loi du même jurisconsulte, ou l'hésitation ne nous paraît pas possible.

Evicta re, ex empto actio non ad pretium duntaxat recipiendum, sed ad id, quod interest competit. L. 70 *de evict.*

En cas d'éviction, l'action ex empto comprend non-seulement le prix, mais encore l'intérêt que l'acheteur avait à ne pas être évincé. De sorte que si le préjudice est inférieur au prix, l'acheteur se trouvera en perte.

Dans la première partie du texte, Paul suppose qu'il y a plus value, et il accorde l'action pour toute la valeur au-delà même du prix de vente. Dans la seconde partie, la chose au lieu d'avoir augmenté de valeur a diminué de valeur, aussi dit-il, l'acheteur sera en perte, car il n'aura d'action que pour la valeur de la chose.

Cette solution d'ailleurs n'est que l'application des principes. Nous savons, en effet, que depuis la vente, les risques sont à la charge de l'acheteur, c'est pour lui que la chose s'améliore ou se dégrade. De même qu'il profite de la plus value, de même il doit souffrir de la diminution de valeur, sans cela le vendeur serait bien rigoureusement traité. Je vends de bonne foi une chose qui ne m'appartenait pas, et qui augmente considérablement de valeur. L'acheteur évincé me réclamera cette plus value; et si à l'inverse une détérioration fortuite survient à la chose il pourra néanmoins réclamer le prix qu'il y a payé, de sorte que dans tous le cas moi vendeur j'aurai à souffrir, sauf cependant si la chose n'a diminué ni augmenté de valeur, Alors au lieu de cette règle de droit qne les risques sont à la charge de l'acheteur, il faut dire que les risques dans la vente de la chose d'autrui sont à la charge du vendeur, et la plus value profite à l'acheteur.

— Il n'y a à notre avis, sur cette question que deux solutions : ou bien celle que nous proposons, dans laquelle la vente continue à produire ses effets; ou bien alors la vente est nulle, et le prix peut être répété dans tous les cas, par une *condictio sine causa*, mais rien que le prix. La solution mixte proposée par Dumoulin et Pothier nous parait contraire à la saine interprétation des textes du Digeste et à l'esprit du droit romain.

Nous avons dit que la perte de l'acheteur consistait, si la chose avait été dépréciée, en ce qu'il n'avait action que pour une somme inférieure à son prix, Dumoulin dans son interprétation de la loi 70 *de evict*, prétend que ces termes : *damnum emptoris est*, ne se réferent pas *ad pretium recipiendum*, le prix devant toujours être réstitué en entier à l'acheteur en cas d'éviction; mais ils se réfèrent seulement *ad id quod interest*, car, de même que ce *id quod interest emptoris non habere licere*, augmente à mesure que la chose augmente en valeur, de même il diminue et se réduit à rien lorsque la chose diminue de valeur; et en ce sens, « si res minor esse cæpit damnum emptoris erit. »

Dumoulin suppose donc que la chose a d'abord augmenté de valeur, et qu'au moment de l'éviction la plus value s'est trouvée réduite à rien ou presque rien, et que c'est-là le *damnum* éprouvé par l'acheteur. Est-il vraisemblable que le jurisconsulte ait bâti une pareille hypothèse, et qu'il ait qualifié de *damnum* le gain que l'acheteur n'a pu réaliser?

La loi 45 *de act. empti*, qui est la continuation de la loi 43 du même titre, complétée elle-même par une loi d'Africain donne exactement la pensée de Paul.

Nous nous rappelons que dans la loi 43 le jurisconsulte accordant une action à l'acheteur pour réclamer la plus value, ne lui fait obtenir que la plus value qui était supposable, trouvant injuste *in magnam quantitatem obligari venditorem.* Ainsi il ne détermine pas d'une façon précise, la quotité des dommages intérêts que l'on peut réclamer au vendeur, il se contente d'indiquer une règle que le vendeur ne doit pas être poursuivi pour une trop forte somme. Il ne nous dit pas quand cette somme sera trop forte, c'est Africain qui le fait dans ia loi 44. Il prend l'hypothèse où le vendeur n'a que des ressources limitées et il décide qu'il ne saurait ètre tenu au-delà du double.

« Cum. forte idem mediocrium facultatum sit, « non ultra duplum périculum, subire eum opor- » tet. »

Dans la loi 45 Paul indique que d'après le témoignage d'Africain, Julien a donné une décision semblable à celle qu'il a donnée lui-même dans la loi 43, lorsque la chose a augmenté de valeur, et il appuie sa solution qu'il croit juste, par l'argument suivant : iI est équitable, dit-il, que le vendenr soit tenu des dommages intérêts supérieurs au bénéfice qu'il a retiré de la vente, c'est à dire au prix qu'il a touché, lorsqu'il y a plus value, puis qu'en cas de détérioration, il n'a à fournir, à l'acheteur évincé qu'une valeur inférieure au prix. « Sicut « minuitur præstatio, si servus deterior apud emp- « torem effectus sit, cum evincitur. »

Dumo lin et Pothier répondent que dans cette

espèce, comme dans l'espèce précédente, il ne s'agit que d'une diminution de la plus value.

La loi 23, au Code *de evictionibus*, précise parfaitement l'objet unique de l'action *ex empto*. Il s'agit d'un acheteur sur le point d'être évincé, qui demande conseil.

On lui répond : dénoncez aux successeurs de votre vendeur la contestation. Puis, que l'éviction du fonds que vous avez acheté ait lieu en leur absence ou en leur présence, il est certain que vous obtiendrez la réparation de tout le préjudice qui vous sera causé. « Quod sive præsentibus his fundus, » quem emisti, fuerit evictus, sive absentibus postea, quanti tua interest, rem evictam non esse » teneri, non quantum pretii nomine dedisti, si » aliud non placuit, publice notum est. »

Pour nous, le texte s'occupe d'une espèce ou le fonds sujet à éviction avait augmenté de valeur, l'acheteur craignait de n'obtenir que le remboursement du prix, ce qui l'eut constitué en perte. Le rescrit le rassure en lui disant que ses garants sont tenus non pas de lui rembourser le prix, mais une valeur égale à l'intérêt qu'il avait à ne pas être évincé.

Une restriction est apportée à la solution dans le cas où il y aurait convention contraire, une convention restrictive de la garantie.

Pothier est obligé, pour ne pas se rendre devant ce texte de faire une addition. Il intercale le mot *solum*, ce qui donne un tout autre sens, nous al-

» lons en juger : Quanti tua interest, rem evictam » non esse, teneri, non (solum) quantum pretii » nomine dedisti. »

Nous admettons donc comme objet unique de la condamnation la réparation du dommage causé par l'éviction. Par conséquent, ainsi que nous l'avons établi, si la chose a subi une dépréciation, l'acheteur, ne recevant que la valeur au moment de l'éviction, touchera une indemnité inférieure au prix qu'il y a payé. A l'inverse, si la chose a augmenté de valeur, son indemnité sera supérieure au prix.

Ces deux solutions sont également équitables, car l'obligation du vendeur consiste à maintenir l'acheteur dans une situation égale à celle qu'il avait au moment de l'éviction, et à faire en sorte qu'il n'éprouve ni perte ni gain, par suite de l'inexécution du contrat.

## DES INDEMNITÉS A RÉCLAMER PAR L'ACHETEUR

Il ne faut pas croire que l'acheteur n'ait droit qu'à la plus value résultant de l'augmentation de valeur de la chose elle-même, il a droit à être indemnisé de toute perte qu'il éprouve à raison de l'éviction. Ainsi le fonds vendu est-il accru par alluvion, ou bien l'usufruit dont la chose était grevee a-t-il fait retour à la propriété, l'alluvion et l'usufruit doivent entrer en ligne de compte. (L. 15, p. 1, D. *de evict.*) Il en sera de même des acquisitions faites par l'esclave vendu, du part, ou de l'hérédité à laquelle l'esclave aurait fait adition «jussu emptoris » (l. 8, *de evict.*).

L'acheteur peut avoir fait des dépenses sur la chose.

Il faut distinguer entre les dépenses nécessaires, voluptuaires, utiles.

Pour les dépens nécessaires, le propriétaire qui évince l'acheteur est obligé de les lui rembourser, car sans ces dépenses, la chose n'eût pas été conservée, et il eût été d'ailleurs lui-même obligé de les faire, s'il eût été possesseur de la chose lorsque son état les a nécessitées.

L'acheteur étant indemnisé par le propriétaire ne peut avoir de ce chef aucun recours contre le vendeur.

Pour les dépenseses voluptuaires, il n'en peut être question, elles sont à la charge de l'acheteur. Ni le propriétaire, ni le vendeur ne sont responsables de ce qu'il lui a plu de faire des frais pour sa satisfaction personnelle, il doit donc les supporter ; sauf à enlever tout ce qu'il est possible d'enlever sans détérioration.

Quant aux dépenses utiles, dépenses faites pour l'amélioration de la chose, l'acheteur peut se les faire rembourserser, jusqu'à concurrence de la plus value, par le propriétaire au moyen de l'exception de dol qu'il lui opposera, s'il voulait rentrer en possession sans faire cette restitution. Toutefois, il ne pourrait réclamer du propriétaire que ses dépenses, si la plus value qui en était produite leur était supérieure. Si une pareille hypothèse se présentait, le vendeur devrait indemniser l'acheteur de l'écart existant entre les dépenses et la plus-value. Mais dans l'hypothèse où la plus value est inférieure aux dépenses, le vendeur n'a aucun recours à craindre de l'acheteur, qui, s'il n'avait pas opposé l'exception de dol au propriétaire, serait en faute.

L'acheteur devrait également subir la perte si son exception n'avait pas été admise « injuria ju- » dicis. »

L'acheteur peut avoir perdu la possession sans sa faute. Le vendeur devra l'indemniser des dépenses qu'il ne peut pas réclamer au propriétaire au moyen de l'exception de dol.

La loi 38, *de rei vindicatione*, 6, 1, nous montre une espèce particulière. Le propriétaire, à raison de sa pauvreté, est admis à revendiquer le fonds sans payer, préalablement, les dépenses utiles faites par le possesseur. Dans ce cas, l'acheteur aura un recours contre le vendeur qui devra lui tenir compte de la plus value obtenue par les dites dépenses.

Quant aux fruits produits par la chose, l'acheteur peut être obligé de les restituer au propriétaire.

Il faut distinguer : l'acheteur était-il de mauvaise foi ? Il doit toujours les restituer. Etait-il de bonne foi ? En nous plaçant à l'époque de Justinien, il ne doit restituer que les fruits *extantes*, il conserve les fruits perçus et consommés. Dans tous les cas de bonne ou de mauvaise foi, il doit les fruits produits par la chose depuis la *litis contestatio*.

Le vendeur sera obligé de rembourser à l'acheteur la valeur des fruits que celui-ci ne peut conserver ; car il a contracté l'obligation de le rendre indemne en cas d'éviction.

Les mêmes règles recevront leur application dans le cas où l'éviction, au lieu d'être totale est partielle. Mais une différence existe dans la manière de procéder à l'estimation selon que l'éviction partielle porte sur un *certus locus, pro diviso*, ou sur une part *indivise, pro indiviso*.

Cette différence est relatée dans une loi d'Ulpien 1. D. *de evict.*

« Sive tota res evincatur, sive pars : habet regres-
» sum emptor in venditorem, sed cum pars evin-
» catur, si quidem pro indiviso evincatur : regres-
» sum habet pro quantitate evictæ partis. Quod
» si certus locus sit evictus, non pro indiviso portio
» fundi, pro bonitate loci erit regressus : quid
» enim, si, quod fuit in agro pretiosissimum, hoc
» evictum est ; aut quod fuit in agro vilissimum ?
» æstimabitur loci qualitas, et sic erit regressus. »

Si l'éviction a lieu *pro indiviso*, pour connaître la valeur de la partie évincée, il faut estimer la chose entière au moment de l'éviction, et pour fixer l'indemnité, il faut établir le rapport qui existe entre la partie évincée et le tout. Si ce rapport est d'un cinquième, par exemple : l'acheteur obtiendra le cinquième de la valeur de la chose.

Si un *certus locus* est évincé, on l'estime *pro bonitate loci* et sa valeur fixe le montant de l'indemnité.

En fait d'éviction d'un *certus locus*, il nous paraît intéressant de signaler une solution donnée par la loi 45 *de evict.*.

Il s'agit de la vente d'un fonds avec l'indication qu'il est d'une contenance de cent arpents, tandis qu'en réalité, il en contient davantage. Une éviction partielle a lieu et Alfenus accorde un recours *pro bonitate loci*. bien que le fonds eût encore, après l'éviction, une contenance de cent arpents.

Le jurisconsulte s'appuie sur ce que le vendeur a indiqué des limites et que ce n'est pas un fonds de cent arpents que l'acheteur a eu en vue d'acquérir en contractant, mais bien un fonds, ayant telles et telles limites, les limites montrées.

Nous avons dit, dans notre introduction, que la *stipulatio duplæ* avait fini par être sous entendue dans la vente, par application de cette règle que tout ce qui est d'usage doit être suppléé dans les contrats de bonne foi. Nous savons que, la stipulation n'étant usitée que dans les ventes de choses précieuses, importantes, d'esclaves, d'immeubles notamment, ce n'était que dans de telles ventes qu'elle était sous entendue, mais alors comment l'acheteur procédait-il? Le vendeur refusant de promettre en cas d'éviction le double, était attaqué par l'acheteur et condamné au double, ainsi qu'il résulte d'un texte de Paul. « Si dupla non re- » promitteretur, et eo nomine agetur, dupli con- » demnandus est reus (l. 2. D, *de evict*). »

Mais l'acheteur en vertu de cette condamnation pouvait-il dans tous les cas et immédiatement obtenir le double du prix? Cela est difficile à admettre.

Si l'éviction était survenue il serait certainement fort juste que l'acheteur obtint le double du prix au lieu de n'obtenir que la valeur de la chose au moment de l'éviction.

Une solution pareille est donné dans le p. 8 des « fragmenta vaticana. Evictione.... secuta, duplum » ex empti judicio secundum legem contractús » præstabitur. »

Mais dans le cas où l'acheteur est encore en possession de la chose vendue et qu'il intente l'action *empti*, pouvons-nous équitablement lui accorder le double du prix d'une chose qu'il a entre ses mains, dont il jouit et dont il peut ne jamais être évincé. Dans cette hypothèse l'exécution immédiate de la sentence n'aurait aucune raison d'être, à notre avis. Cependant des auteurs justifient une pareille décision, par cette considération que le vendeur a un moyen très-simple d'y échapper ; c'est de faire la promesse éventuelle du double en cas d'éviction, s'il résiste, il encourt une juste peine de sa faute ou bien de son manque de foi.

Nous répondrons avec M. Labbé dont nous suivons la doctrine (de la Garantie, p. 10 et suiv.) que cette solution est rigoureuse et de plus injuste. Le vendeur peut avoir des raisons sérieuses à opposer à la prétention de l'acheteur. Il peut soutenir que la remise lui a été faite d'un commun accord de cette obligation habituelle. Il peut contester la réalité de l'usage de cette caution dans le lieu du contrat; selon le vendeur, la chose n'a peut-être pas assez d'importance pour que cette sûreté soit due, etc. En résumé, le vendeur peut s'engager de bonne foi dans une résistance que le juge estime mal fondée, et pour un tort si excusable, il subirait la nécessité du paiement immédiat du double prix à l'acheteur resté en possession paisible de la chose !

Nous comprendrions une condamnation au double, si l'action *empti* était arbitraire, et que le vendeur eût la faculté d'échapper à la condamnation en exécutant l'*arbitrium* du juge. Mais il n'est pas démontré que l'action *empti* fût arbitraire ou pût le devenir au gré des magistats ou des plaideurs. Par une combinaison équitable, on pourrait accorder à l'acheteur l'action *judicati* en vertu de la sentence qu'il ne pourrait faire mettre à exécution qu'après l'éviction. L'exécution de la sentence serait suspendue comme l'aurait été l'effet de la promesse que devait faire le vendeur, et dont la condamnation tenait lieu. La loi 40 D. 9. 2., *ad legem aquiliam* nous offre un exemple d'une sentence dont l'exécution est en suspens par une condition. Ainsi la proposition que nous venons d'émettre peut-elle se justifier?

L'éviction *lato sensu*, aussi bien que l'éviction *stricto sensu*, donne ouverture à l'action *empti*, lorsque cette action a pour objet de vous faire obtenir le *id quod interest*, la réparation du préjudice causé; mais l'éviction *stricto sensu* seule donne droit à l'acheteur de réclamer le double par l'action *ex empto*. On applique à cette action les règles de l'action *ex stipulatu* qu'elle est destinée à remplacer.

## CHAPITRE III

### DE L'ACTION EX STIPULATU

Pour l'exercice de l'action *ex stipulatu*, il ne peut être question que d'une éviction *stricto sensu*, il faut que l'acheteur soit dépossédé en vertu d'une sentence.

Il n'y a pas d'éviction, si l'acheteur s'est volontairement dépouillé. Il ne peut être question non plus d'une éviction donnant ouverture à l'action *ex stipulatu*, lorsque ce n'est pas, en vertu de la vente, que vous possédez la chose, mais en vertu d'un autre titre, par exemple, parce que vous êtes l'héritier du propriétaire. Du reste, la loi 16 p. I. D. *de evict*, nous indique trois cas où la stipulation est commise.

« Duplæ stipulatio committi dicitur tunc, cum » res restituta est petitori, vel damnatus est litis » æstimatione, vel possessor ab emptore conventus » absolutus est. ».

1° Lorsque l'acheteur, succombant dans une action en revendication ou dans une action hypothécaire, est obligé de rendre la chose ;

2° Lorsque l'acheteur n'a pu la conserver qu'en payant la *litis æstimatio* ;

3° Lorsque l'acheteur, ayant intenté la revendication contre le possesseur, celui-ci a été renvoyé de la demande.

Nous avons vu que l'action *ex empto* pouvait être intentée à raison de l'éviction d'un des accessoires de la chose vendue, il n'en est pas de même de l'action *ex stipulatu*. Pomponius l'indique en ces termes : *ea, quæ empto fundo nominatim accesserunt, si evicta sunt, simplum præstatur*. (L. 16, pr. D. *de evict*). L'action *ex stipulatu* ne se donne qu'en cas d'éviction de la totalité ou d'une partie de la chose vendue. Elle n'est pas accordée pour l'éviction, par exemple, des moellons d'une maison ou des planches d'un navire, ni pour les accessoires. Paul dans la loi 36 D. *de evict* indique des cas où il n'y a pas lieu à l'action *ex stipulatu* et confirme ce que nous venons de dire. *Nave aut domu empta, singula cœmenta vel tabulæ emptæ non intelligentur; ideoque nec evictionis nomine obligatur venditor quasi evicta parte*. Quant aux accessoires, le même juriconsulte s'exprime ainsi : « Si praegnans ancilla « vendita et tradita sit, evicto partu, venditor non » potest de evictione conveniri ; qui partus venditus » non est. » (L. 42 D, *de evict.*) Nous pouvons citer également la loi de Julien, dont nous avons déjà mentionné la solution à propos de l'usufruit : « Vaccæ emptor, si vitulus, qui post emptionem » natus est. evincatur, agere ex duplæ stipulatione

» non potest; quia nec ipsa nec ususfructus evin-
» citur. » (L. 43, D. *de evict*).

Il résulte de ce qui précède que les conditions exigées pour donner lieu à garantie sont plus rigoureuses dans l'action *ex stipulatu* que dans l'action *empti*. Cependant il est une éviction pour laquelle le droit romain accorde l'action *ex stipulatu*, et dénie l'action *ex empto*.

Nous voulons parler du cas où la chose périt par cas fortuit *ante sententiam, et post litem contestatam*. Si le juge reconnait que la chose appartenait au revendiquant, l'acheteur aura l'action *ex stipulatu* car il y a éviction; il n'aura pas l'action *ex empto*, car l'éviction ne lui a causé aucun dommage. Cette hypothèse est prévue par Paul (l. 16. pr. D. *De rei vindicatione*, l. 6, t. 1.) « Utique autem,
» etiam mortuo homine, necessaria est sententia
» propter fructus, et partus, et stipulationem de
» evictione. »

La stipulation étant une convention intervenue entre les parties, celles-ci peuvent lui donner toute l'étendue qui leur convient. (l. 56 D. *de evict*). La règle, qui fixe au double le maximum des dommages et intérêts obtenus par l'action *empti*, est ici sans application. Le même motif d'équité n'existe plus; en effet, par cela même que le vendeur a promis d'avance le quadruple, il est avéré qu'il a pu prévoir un dommage se montant au quadruple du prix. D'ailleurs, dans l'action *ex stipulatu*, l'office du juge ne consiste pas à déterminer le dommage causé et à en fixer l'indemnité, mais à examiner si la condition, sous laquelle telle somme était promise, est réalisée, sans s'occuper de la somme. C'est justement pour éviter l'évaluation du préjudice, faite par le juge, que les parties ont fixé d'avance l'indemnité à payer, en cas d'éviction.

Non-seulement le juge n'a pas à examiner si la somme stipulée est trop élevée à raison du préjudice, mais encore en cas de perte partielle bien que les risques soient à la charge de l'acheteur, néanmoins, si l'éviction a lieu, le juge doit condamner à la totalité de la somme promise, parce que nous le répétons son rôle est fixé et limité par les termes de la stipulation. Le vendeur s'est engagé à payer le double en cas d'éviction de la chose. Alors se pose cette question. Y a-t-il eu éviction? Si le juge décide affirmativement, il ne peut que faire exécuter la stipulation, qui se trouve accomplie par l'arrivée de la condition à laquelle elle était subordonnée.

Nous pouvons donc dire qu'il est indifférent que la chose ait augmenté ou diminué de valeur, le double du prix est toujours dû, dans un cas comme dans l'autre. Nous supposons, bien entendu, conformément aux usages, que c'est le double du prix qui a été stipulé.

Notre solution est confirmé par un texte de Papinien : « Si totus fundus, quem flumen de- » minuerat, evictus sit, jure non deminuetur evic-

» tionis obligatio : non magis quam si incuria » fundus, aut servus traditus deterior factus sit : » nam et e contrario non augetur quantitas evic- » tionis, si res melior fuerit effecta. » (l. 64 pr. D. *de evict.*)

Jusqu'à présent nous ne nous sommes occupés que d'une éviction totale. Mais en cas d'éviction partielle comment déterminer le montant de la condamnation? Il faut rechercher pour combien la portion évincée rentrait dans le prix de vente : le vendeur devra *ex stipulatu* le double de la part du prix afférente à cette portion.

En cas d'éviction partielle *pro diviso aut pro indiviso*, de même qu'un cas d'éviction totale on ne tient pas compte ni des dégradations ni des améliorations de la chose. Le principe est le même en cas d'éviction totale, et en cas d'éviction partielle, et il amène des conséquences différentes, au point de vue de la perte partielle. En cas d'éviction totale c'est en définitive le vendeur qui supporte la perte, tandis qu'en cas d'éviction partielle c'est l'acheteur.

Dans les deux hypothèses, on ne tient pas compte de la perte, et cependant les résultats sont tout contraires.

Nous allons parcourir quelques espèces prévues par Papinien, qui feront mieux comprendre notre pensée.

Un fonds de mille arpents a été vendu. La rivière en a enlevé deux cents. L'acheteur est ensuite évincé par une personne qui se prétend copropriétaire pour un quart. Il perd donc deux cents arpents sur les huit cents qui restaient. Aura-t-il droit au quart du prix de vente? Non, car il n'a perdu par l'éviction que deux cents arpents. Or ces deux cents arpents ne correspondaient pas au quart du prix, lors de la vente, mais seulement au cinquième, car il y avait mille arpents.

Le vendeur sera donc tenu de payer au double le cinquième du prix de vente, Quant aux deux cents arpents enlevés par la rivière, ils constituent une perte fortuite supportée par les copropriétaires. (L. 64 pr.)

Nous venons d'étudier l'hypothèse d'une perte partielle, étudions maintenant l'hypothèse d'une amélioration, nous supposons toujours que le fonds vendu a mille arpents. Au lieu d'entamer le fonds, la rivière l'a augmenté par alluvion de deux cents arpents : une éviction *pro indiviso* vient enlever à l'acheteur le cinquième du fonds ainsi accru. La perte est de deux cent quarante arpents. Faudra-t-il calculer la prestation due par le vendeur sur l'éviction de ces deux cent quarante arpents? Non car le vendeur n'est pas responsable *ex stipulatu* de l'éviction de l'alluvion. Sur l'accroissement de deux cents arpents, l'acheteur en perd quarante; sur le fonds, objet de la vente, il en perd deux cents. Ces deux cents ont figuré dans le prix pour un cinquième; c'est donc uniquement le cinquième du prix que le vendeur devra payer au double. (L. 64 p, 1. D. *de evict.*)

Il résulte de ce passage, ce que nous avons avancé, à savoir qu'en cas d'éviction totale comme en cas d'éviction partielle on ne tient pas compte des améliorations.

Pour finir examinons encore avec Papinien une dernière espèce où nous trouverons réunies les deux hypothèses prévues précédemment. La solution est conforme aux principe dont découlaient les solutions précédentes.

Après la vente, la rivière a diminué le fonds de deux cents arpents ; puis dans une autre partie, elle a produit un accroissement de deux cents arpents. Survient une éviction du cinquième. Dans quelle proportion le vendeur sera-t-il tenu ? L'acheteur a perdu deux cents arpents, c'est-à-dire le cinquième du fonds actuel, et le quart du fonds tel que l'avait diminué la rivière. L'action *ex stipulatu* ne portera cependant ni sur le cinquième, ni sur le quart du prix de vente.

En effet la perte n'atteint pas seulement le fonds vendu, mais aussi l'alluvion : or nous avons vu que le vendeur n'est pas responsable de la perte de l'alluvion. Il faut donc établir une proportion pour savoir combien d'arpents ont été enlevés sur les huit cents, combien sur l'accroissement. Nous trouvons ainsi que quarante arpents doivent être imputés sur l'alluvion : l'éviction n'a donc enlevé sur le fonds vendu que cent soixante arpents. La stipulation n'est par conséquent commise que pour la part du prix qui correspondait à cent soixante arpents : c'est cette part que le vendeur devra payer au double (l. 64, p. 2).

Ainsi nous avons vu que l'obligation du vendeur ne peut jamais être rendue plus onéreuse par l'alluvion, tandis qu'elle est diminuée quand la perte doit, comme dans l'éviction partielle *pro indiviso*, se répartir sur le fonds vendu et sur l'alluvion.

Nous nous sommes occupés jusqu'ici d'une éviction partielle *pro indiviso*. Examinons maintenant le cas d'une éviction partielle *pro diviso* de l'éviction d'un *certus locus*.

Papinien a traité cette question (§ 3 de la loi 64, D. *de evict.*). Si un fonds est vendu et que l'éviction partielle enlève à l'acheteur un *locus certus*, lors même que la contenance aurait été indiquée au contrat, il n'y a pas de proportion à établir entre la contenance de la région évincée et celle du fonds entier. On doit rechercher *pro bonitate regionis*, pour combien cette région entrait dans le prix de la vente : le vendeur payera le double. Que le fonds ait été augmenté ou diminué, la règle est la même. On considère ce *locus certus* comme l'objet d'une vente particulière dont une éviction totale priverait l'acheteur.

Nous pouvons donc dire qu'en cas d'éviction partielle « pro diviso aut pro indiviso », on ne tient pas compte des dégradations ni des améliorations de la chose, de même qu'en cas d'éviction totale.

## CHAPITRE IV

### EXCEPTION REI VENDITÆ ET TRADITÆ

Nous avons vu que l'acheteur peut agir en garantie, soit par l'action *ex empto*, soit par l'action *ex stipulatu*, dans les hypothèses où les deux actions sont accordées, mais il n'a pas que ces deux actions. Il est encore protégé par une exception, l'exception *rei venditœ et traditœ*. Cette exception d'origine prétorienne a pour but de suppléer à l'insuffisance de l'exception de dol dont l'application était plus limitée. Par exemple l'acheteur d'une chose mancipi qui lui avait été livrée, mais non mancipée, pouvait bien repousser l'action en revendication du vendeur, grâce à cette exception de dol. La mauvaise foi de son auteur faisait écarter sa prétention. Mais si l'acheteur se trouvait en présence d'un revendiquant de bonne foi, par exemple d'un second acheteur auquel le vendeur avait mancipé la chose qu'il lui avait vendue précédemment et livrée ; il ne pouvait se servir de l'exception *doli*, il était désarmé en face des prétentions de son adversaire.

L'exception *rei venditæ et traditæ* fut donc introduite par le droit prétorien, pour venir en aide aux acquéreurs, dans les cas où ils ne pourraient se servir de l'exception de dol,

L'exception *rei venditæ et traditæ* est accordée à tous ceux qui pourraient agir en garantie soit directement, soit indirectement contre la personne qui veut les évincer. En effet, un second acheteur pourra opposer au vendeur de son vendeur à lui-même cette exception, bien que cela ne soit pas à lui que la chose ait été livrée.

C'est ce que nous apprend Hermogenianus : « Exceptio rei venditæ et traditæ non tantum ei, cui » res tradita est, sed successoribus etiam ejus, et » emptori secundo, et si res ei non fuerit tradita, » proderit : interest enim emptoris primi, secundo » rem non evinci ( L. 3, *de exceptione rei venditæ et traditæ* D. l. 21-3).

Dans la seconde partie du texte Hermogenianus nous indique quelles sont les personnes auxquelles cette exception peut être opposée : au vendeur, à ses successeurs à titre universel, et à ceux qui ont succédé à la chose vendue à titre particulier. « Pari » ratione venditoris etiam successoribus nocebit : » sive in universum jus, sive in eam duntaxat rem » successerint,

L'exception de garantie peut donc être opposée :

1° au vendeur par exemple, si, après avoir vendu le fonds d'autrui, il en devient propriétaire et qu'il veuille le revendiquer contre son acheteur (L. 1, princ. D. 21-3, L. 17 *de evict.*).

2° à l'héritier du vendeur par exemple : si le maître du fonds devient l'héritier du vendeur, et qu'il veuille évincer l'acheteur (L. 1, p. 1, D. 21-3, L. 73 *de evict.*).

3° au successeur particulier du vendeur, à titre gratuit ou à titre onéreux, le successeur ne pouvant avoir sur la chose d'autres droits que son auteur est soumis aux exceptions qui pourraient lui être opposées.

La loi 72, *de rei vindicatione*, D. 6, 1, prouve la vérité de ce que nous venons d'avancer, ainsi que la loi 4, p. 32, D. *de doli mali et metus exceptione*, 44, 4, dont nous donnons le texte. « Si a Titio » fundum emeris, qui Sempronii erat, isque » tibi traditus fuerit pretio soluto, deinde Titius » Sempronio heres exstiterit, et eumdem fundum » Mævio vendiderit et tradiderit : Julianus ait » æquius esse prætorem te tueri, quia, et si ipse » Titius fundum a te peteret, exceptione in factum » comparata vel doli mali summoveretur, et si » ipse eum possideret, et Publiciana peteres, ad- » versus excipientem, si non suus esset, replica- » tione uterers, ac per hoc intelligeret, eum fun- » dum rursum vendidisse, quem in bonis non » haberet. »

Si vous avez acheté de Titius un fonds qui était à Sempronius, et qu'il vous ait été livré après le payement du prix, qu'ensuite Titius soit devenu héritier de Sempronius et ait vendu et livré le même fonds à Mævius, Julien dit qu'il est plus équitable que le préteur vous protége, parce que, si Titius lui-même demandait ce fonds contre vous, il serait écarté par une exception conçue en fait, ou par une exception de dol, et que, s'il possédait lui-même le fonds et que vous le demandassiez par l'action Publicienne; contre l'exception, si le fonds n'est pas à lui, qu'il vous opposerait, vous useriez d'une réplique et par là il serait entendu qu'il a vendu une seconde fois un fonds qu'il n'avait pas dans ses biens.

Il faut supposer que Titius, après vous avoir fait la tradition, a repris par suite de votre négligence la possession de la chose, à moins que, dans la seconde vente faite à Mævius, Ulpien n'ait dit « vendiderit et mancipaverit, » et que Tribonien ait substitué « tradiderit à mancipaverit. »

Il résulte du texte que Titius n'a pas pu transférer un droit plus efficace que celui qu'il possédait.

4° Au fidéjusseur du vendeur.

Il a garanti, en effet, que l'obligation contractée par le vendeur serait exécutée, il est «auctor secundus. » Aussi ne peut-il pas, obligé de protéger l'acheteur, l'évincer de la chose qu'il s'est engagé à lui faire conserver dans le cas où le vendeur manquerait à son obligation (L. 11, C. 8, 45).

Nous venons de montrer que si le maître du fonds devient l'héritier du vendeur, son action en revendication sera écartée par l'exception « rei vendit » ditæ et traditæ. » Nous serions donc autorisé à conclure par analogie que l'acheteur pourrait repousser le maître du fonds devenu héritier du fidéjusseur lui-même.

Cette déduction logique aurait le défaut de se trouver en contradiction avec un texte du Code au titre *de evictionibus*, l. 31, qui accorde, dans cette hypothèse, l'action en revendication à l'héritier du fidéjusseur. « Heredem fidejussoris rerum, pro qui» bus defunctus apud emptorem intercesserat pro » venditore, factum ejus, cui successit, ex sua » persona dominium vindicare non impedit : sci» licet evictionis causa durante actione. »

Cette exception n'est pas seulement opposable au vendeur, à ses héritiers, à ses successeurs à titre particulier, à ses fidéjusseurs, elle l'est encore à celui qui a vendu comme mandataire.

La loi 49, D. *mandati*, 17, 1, supposant que Titius a vendu sur votre mandat son propre esclave que vous aviez acheté d'une autre personne et que vous possédiez, lui refuse toute action contre l'acheteur, c'est-à-dire toute action efficace. Qu'il intente en effet la revendication, il sera repoussé par l'exception « rei venditæ et traditæ. s'il a fait tra» dition. » S'il n'a pas livré, l'acheteur peut l'y contraindre en vertu de l'action *ex empto*.

Deux textes semblent en contradiction avec la solution donnée ci-dessus, la loi 35, D. *de adq. rer. dom.*, 41, 1, et la loi 15, p. 2, *de contrah. emp-*

*tione*, D. 18, 1. D'après la loi 35, *de adq. rerum dom.*, ainsi conçue : « Si procurator meus, vel tu- » tor pupilli, rem suam, quasi meam, vel pupilli » alii tradiderint, non recessit ab eis dominium, et » nulla est alienatio, quia nemo errans rem suam » amittit. » Le mandataire peut revendiquer efficament la chose qu'il a livrée, ignorant qu'elle fût à lui ; d'après la loi 49, *mandati*, la revendication de ce mandataire est repoussée par une exception. Il est facile de lever cette opposition apparente.

Dans les deux espèces, le propriétaire qui a livré sa chose, par suite du mandat de celui à qui il croyait qu'elle appartenait, ne perd pas son droit de propriété qu'il n'a pas entendu transférer, et il peut revendiquer sa chose.

Mais, dans l'espèce de la loi 49, le propriétaire véritable n'a pas seulement livré par ordre du propriétaire putatif, il a vendu ou fait vendre, et, par cette vente ou ce mandat de vendre, malgré son erreur, il s'est soumis directement ou indirectement envers l'acheteur à le garantir de l'éviction ; il ne peut donc l'évincer lui-même ; aussi sa « rei vendicatio » sera paralysée par l'exception « rei venditæ et traditæ. » Dans l'espèce de la loi 35, au contraire, on ne dit pas : le propriétaire véritable a vendu, on dit seulement qu'il a livré par le mandat du propriétaire putatif; c'est celui-ci, qui a fait la vente et qui s'est obligé à la garantie. Le propriétaire peut donc intenter sa « rei vindicatio, sans que l'acheteur puisse lui opposer l'exception « rei venditæ et tra- » ditæ. »

Lorsqu'une chose a été vendue sur le mandat du propriétaire, et qu'il en a été fait tradition, si celui-ci veut la revendiquer, il sera repoussé par l'exception « rei venditæ et traditæ, » à moins que le mandataire n'ait outrepassé son mandat. « Si quis rem » meam, mandatu meo, vendiderit, vindicanti » mihi rem venditam, nocebit haec exceptio : nisi » probetur, me mandasse, ne traderetur antequam » pretium solvatur (L. 1, p. 2, D. 21, 3.)

L'exception « rei venditæ et traditæ peut être opposée au propriétaire sur l'ordre duquel une chose a été vendue, comme s'il l'avait vendue lui-même. Toutefois le mandant, comme nous l'avons dit, n'est obligé que dans les limites du mandat qu'il a donné. Cela résulte encore du § 3 de la loi citée plus haut. Ulpien relate l'avis de Celsus en l'approuvant : « Si quis rem meam vendidit mino- » ris, quam ei mandavi, non videtur alienata : et » si petam eam non obstabit mihi haec exceptio. »

## CHAPITRE V

### PARTICULARITÉS QU'OFFRE LA VENTE D'UN GAGE

Le créancier gagiste a, nous le savons la faculté de vendre le gage, faculté qui, dans le dernier état du droit, est de l'essence du contrat.

Supposons que le créancier a usé de son droit, et demandons-nous s'il est tenu à garantie, et quelle est la nature de cette garantie?

Il faut distinguer si la vente a été faite *jure communi* ou *jure pignoris*. Cette distinction est indiquée dans la loi 59, p. 4, D. 17. 1. *Mandati vel contra* ainsi que dans une loi du Code. L. 1, C. 8, 46.

A-t-elle été faite *jure communi*, conformément au droit commun?

C'est-à-dire le créancier gagiste a-t-il vendu le gage comme s'il lui appartenait, sans déclarer sa qualité, en se présentant comme un vendeur ordinaire? Il est régi par les règles ordinaires sur la garantie que nous avons étudiées.

Le créancier peut encore, tout en ayant fait connaître sa qualité de gagiste, s'être soumis expressément au droit commun, alors le droit commun lui est applicable puisqu'il en a fait la règle de son contrat.

La vente peut avoir été faite *jure pignoris* ou *jure creditoris*. Le créancier gagiste a fait connaître sa qualité.

Dans cette hypothèse nous rencontrerons des difficultés sérieuses, cependant il y a certains points incontestables que nous allons indiquer d'abord.

La distinction que nous avons proposée est admise par tout le monde. On décide sans contestation que le créancier gagiste n'est pas en principe, dans une vente faite *jure pignoris*, obligé à garantir, car c'est un point sur lequel un grand nombre de constitutions se sont prononcées, ainsi que nous l'apprend Ulpien. « Sententiam Juliani » verissimam esse arbitror in pignoribus quoque : » nam si jure creditoris vendiderit, deinde haec » fuerint evicta, non tenetur, nec ad pretium resti- » tuendum ex empto actione creditor. (L. 11, p. 16. » D. 19. 1. *de act. empti*). » Il est également reconnu que le créancier gagiste doit céder à l'acheteur évincé les moyens qu'il a d'obtenir une indemnité du débiteur pour la faute que ce dernier a commise d'engager ou d'hypothéquer la chose d'autruit c'est-à-dire son action *pigneratitia contraria*. (L. 38 D. *de evict.*).

Bien qu'en principe, comme nous l'avons dit, le créancier gagiste ne soit pas garant, il est un fait incontestable que s'il s'est rendu coupable de dol, il en est responsable. Ulpien le décide en termes for-

mels. « Dolum plane venditor præstabit, denique
» etiam repromittit de dolo, sed etsi non repromi-
» serit, sciens tamen sibi non obligatam, vel non
» esse ejus qui sibi obligavit, vendiderit, tenebitur
» ex empto, quia dolum eum præstare debere os-
» tendimus. (L. 11, p. 16, D. 19. 1. *de act. empti.*) »

Nous avons une seconde exception à la règle que le créancier qui vend un gage ne répond pas de l'éviction, c'est lorsque sans nécessité et sans profit, il a promis le double. Ce point n'est pas douteux en présence du texte d'Ulpien, qui est ainsi conçu :
« Si creditor, cum venderet pignus, duplam promi-
» sit : nam usu hoc evenerat et conventus ob evic-
» tionem condemnatus erat : an haberet regressum
» pigneratitiæ contrariæ actionis ? Et potest dici,
» esse regressum ; si modo sine dolo et culpa sic
» vendidit, et ut paterfamilias diligens ut gessit ;
» si vero nullum emolumentum talis venditio at-
» tulit, sed tanti venderet, quanto vendere potuit,
» etiamsi haec non promisit, regressum non ha-
» bere. (L. 22. p. 4. D. 13. 7. *de pignor. act.*)

Il résulte de ce texte que l'usage n'avait pas sous entendu dans la vente d'un gage, comme dans les ventes ordinaires de choses précieuses, la *stipulatio duplæ*. Le créancier était libre de promettre ou non. S'il l'a fait pour obtenir un prix convenable, il a agi en bon père de famille, il a un recours, qui lui est refusé dans le cas où il a promis sans motif, car alors il est en faute de n'avoir pas pris garde aux intérêts du constituant.

Nous arrivons à la question qui divise les interprètes. Il s'agit de savoir si le créancier gagiste répond ou non d'un défaut de droit en sa personne. Ainsi il se peut qu'il n'eut pas le droit de vendre, soit par suite de ce que sa créance n'était pas valable, soit parce qu'il n'avait pas reçu valablement en gage la chose qu'il a vendue.

Il se peut encore qu'il fut primé sur la chose par un créancier hypothécaire antérieur et que ce dernier évince l'acheteur.

Lorsque l'éviction dérive de l'une de ces deux causes, suivant nous le créancier qui a vendu est garant. Cette décision repose sur la fin d'un rescrit d'Alexandre Sévère.

« Cum jure creditoris propter fisci debita prædium obligatum procurator meus venundedit, » evictio non debetur : quia et privatus creditor » eodem jure utitur, nisi nominatim hoc repromissum a privato fuerit creditore. Si tamen fiscus in jus alterius creditoris successit, emptori » non justa nomine fisci movetur controversia : » sive quia potior fuerat, quando vendebat, sive » quia infirmior quoniam hoc utique præstare » debet, qui pignoris jure vendit, potiorem se cæteris esse creditoribus. » L. 1. c. 8. 46.

Un bien a été vendu par l'agent du fisc pour une dette hypothécaire.

Puis le fisc succède au droit d'un autre créancier auquel le même bien a été hypothéqué. Aucune action tendant à une éviction ne sera valablement intentée au nom du fisc contre l'acheteur. De deux choses l'une, ou le fisc au moment de la vente avait la supériorité du rang hypothécaire, et l'acheteur a acquis un droit supèrieur à celui des autres créanciers, ou le fisc était primé par celui auquel il a succédé depuis, mais il est garant de toute éviction qui proviendrait de l'infirmité de son droit, et il ne saurait causer lui-même l'éviction dont il doit garantir. Dans les deux cas l'acheteur est à l'abri de tout recours.

Notre théorie se fonde sur le « hoc utique præstare debet qui pignoris jure vendit, potiorem se cæteris esse creditoribus » Ce membre de phrase affirme bien que le crèancier gagiste est garant du défaut de droit en sa personne.

M. Vernet a combattu cette doctrine dans son ouvrage des obligations, et s'exprime en ces termes sur l'obligation de garantie du créancier vendeur.

Le créancier qui avait joué le rôle de vendeur était-il tenu envers l'acheteur évincé, soit de l'action en garantie, soit de la restitution du prix? Il n'était tenu de l'une ni de l'autre de ces obligations, mais il devait céder à l'acheteur évincé, son action *pigneratitia contraria* contre son débiteur à moins qu'il n'eût vendu une chose qu'il savait ne pas lui être hypothéquée, ou n'avoir pas appartenu à son débiteur lors de la constitution de l'hypothèque, ou à moins de convention contraire.

En d'autres termes, à moins de stipulation contraire, l'usage interprétait la volonté des parties en ce sens que le créancier hypothécaire ou gagîste ne promettait à l'acheteur que l'absence de dol et, en cas d'éviction, la cession de l'action *pigneratitia contraria.*

Dans cette opinion on s'appuie sur la (loi 11 p. 16 D. 19. 1. de act. empti.) où le jurisconsult *cite* des faits de dol qui engagent la responsabilité du créancier, et il suppose que « Sciens tamen sibi non « obligatam, vel non esse ejus qui sibi obligavit, « vendiderit, et il en déduit que tenebitur ex empto, « quia dolum eum præstare debere ostendimus. »

On conclut par argument a contrario que le créancier n'a pas commis de dol et n'est par conséquent pas responsable, s'il ignorait que la constitution de gage ne fut pas valable. Il ressort donc du texte qn'en principe le créancier ne répond pas de l'existence du gage.

Cependant il nous semble que l'affirmation précise du rescrit d'Alexandre ne peut être écartée par l'argument *a contrario* tiré de l'exemple cité par Ulpien ; exemple qui a pu être mal choisi par son auteur.

En dehors du texte la considération suivante, dit M. Labbé (p. 44 traité de la garantie) doit décider en faveur de l'opinion que nous avons adoptée

Pour les évictions qui proviennent d'un défaut de droit chez le créancier, l'acheteur n'a aucun recours si le créancier n'est pas tenu à garantie. Or la perte qui doit résulter de ce que le prétendu créancier a commis l'imprudence de vendre sans être créancier ou sans avoir hypothèque, affligera-t-elle plus justement l'acheteur que le créancier ? »

Toutefois dans le cas particulier, où l'éviction provient de ce que le créancier vendeur n'était pas premier créancier hypothècaire, si le créancier ignorait que la chose eût été hypothéquée à un autre, il a un recours contre le constituant par l'action *pigneratitia contraria*, nous admettrions alors qu'il fut obligé de la céder à l'acheteur (l. 36 p. 1. D. 13. 7. de *pign. act.*)

Nous raisonnons par analogie du cas où l'acheteur est évincé par suite d'un défaut de droit en la personne du constituant, et où nous avons décidé que le créancier était tenu de lui céder son action *pigneratitia contraria.*

Lorsque l'éviction procède d'un défaut de droit en la personne du débiteur, nous avons dit que l'acheteur pouvait obtenir du créancier gagiste la cession de son action *pigneratitia contraria* (l. 38, D. *de evict.*).

Il parait bien que l'acheteur pouvait avoir aussi l'action *ex empto utilitatis causa.* Les textes qui accordent cette action se placent, il est vrai, dans des hypothèses un peu différentes de la nôtre : dans un cas (l. 74, p. 1. D. *de evict.*), il s'agit d'un *pignus in causa judicati captum*; dans un autre cas (l. 24, pr. D. 13. 7 *de pign. act.*), celui qui souffre de l'éviction est le créancier lui-même qui s'est fait attribuer la propriété de l'objet.

Mais étant admis à cause de l'analogie évidente,

que l'acquéreur évincé jouira de l'action *ex empto*, qu'obtiendra-t-il par là? Pourra-t-il demander non-seulement « ut in quantitatem debiti ei satisfiat, » mais encore « in quantum ejus intersit, » suivant les règles ordinaires de l'action *ex empto?* Les deux textes dans lesquels nous avons trouvé l'indication de l'action *ex empto* donnent sur ce point une solution contradictoire : M. Labbé les concilie en distinguant le cas où la constitution de gage a porté spécialement sur l'objet dont l'acquéreur est évincé, et le cas ou le débiteur a concédé une hypothèque générale sur tous ses biens, ou souffert d'une exécution forcée. On comprend, en effet, que le débiteur soit tenu plus rigoureusement lorsqu'il a désigné lui-même la chose qui devait servir de garantie à son débiteur.

Nous admettons les motifs de cette conciliation, et nous croyons qu'en général, l'acquéreur évincé obtiendra le montant du dommage que lui cause l'éviction.

# CHAPITRE VI

## CONVENTIONS EXTENSIVES, RESTRICTIVES ET MÊME ENTIÈREMENT DESTRUCTIVES DE LA GARANTIE

Nous savons qu'on distingue dans un contrat trois classes de conditions. Les conditions essentielles, naturelles, accidentelles. Dans quelle classe faut-il ranger l'obligation de garantie? Elle est évidemment de la nature de la vente, mais elle n'est pas de son essence. Il en résulte que, bien qu'à défaut de conventions, la garantie existe, elle peut être modifiée, supprimée, ou étendue d'après la volonté des parties.

Occupons-nous d'abord des conventions extensives de la garantie.

L'acheteur peut avoir stipulé que le vendeur, au lieu de contracter envers lui l'obligation *de præstare rem habere licere*, serait tenu de lui transférer la propriété; d'où il suit que l'acheteur n'est pas obligé pour agir d'attendre que l'éviction ait eu lieu : il suffit que la chose appartienne à autrui.

Il y a encore extension de la garantie lorsqu'on l'applique à des choses qui ne sont pas naturellement comprises dans la vente. Je vous vends par exemple, un fonds comme libre de servitudes *ut optimus maximus*; en faisant cette déclaration j'aggrave l'obligation de garantie que ma qualité de vendeur m'imposait naturellement. Je n'étais pas tenu, en effet, de garantir l'acheteur des servitudes dont le fonds vendu pouvait se trouver grevé.

Par la *stipulatio duplæ*, le vendeur augmente en général son obligation de garantie. Il est bien rare, en effet, que la plus value de la chose atteigne le double du prix.

## CONVENTIONS RESTRICTIVES DE LA GARANTIE

Par suite de l'obligation du vendeur d'être exempt de dol, il résulte que les clauses de non garantie ne sont pas valables lorsqu'il ne s'est pas exprimé d'une façon claire ou qu'il a trompé l'acheteur pour lui dissimuler le danger d'éviction (L. 43, p. 2, D, 18, 1, *de contrah. empt.* L. 11, p, 5, D. *de act. empt.* 19, 1).

Ainsi, par exemple, si le vendeur stipule la clause de non garantie en prévision d'une cause d'éviction qu'il dissimule à l'acheteur en lui présentant comme un simple acte de prudence, que rien ne motive particulièrement, la précaution qu'il prend.

Les parties peuvent déroger à la garantie soit d'une manière générale, soit à l'aide d'une clause spéciale.

Examinons d'abord l'effet d'une clause générale de non garantie,

Il est incontestable que, si les parties ont entendu faire un contrat aléatoire, et cela peut résulter notamment du peu d'importance du prix eu égard à la valeur de la chose, l'acheteur ne peut avoir de recours contre le vendeur. Non-seulement, il ne pourra pas répéter des dommages intérêts, mais encore il ne sera pas admis à réclamer le prix qu'il a payé.

Dans les ventes aléatoires, il n'y a pas lieu à garantie. Aussi la clause générale de non garantie que nous supposons avoir été ajoutée à une pareille vente, n'est-elle d'aucune utilité.

Il faut donc écarter cette hypothèse pour que la clause, que nous étudions, puisse présenter un avantage au vendeur; pour qu'elle ait sa raison d'être.

Une vente a été faite avec clause générale de non garantie. Tout le monde s'accorde pour mettre le vendeur à l'abri des dommages-intérêts, mais les opinions sont divisées en ce qui concerne le prix de vente.

Plusieurs auteurs prétendent que le vendeur demeure, néanmoins, toujours tenu de le restituer en cas d'éviction; d'après eux, la bonne foi ne permet pas que le vendeur retienne le prix alors que l'acheteur a perdu la chose, *ut emptor rem amitteret, et pretium venditor retineret.* Ainsi quand le vendeur n'a promis que la garantie de ses faits seulement, ou encore lorsqu'il a dit qu'il ne garantirait pas de l'éviction, ces deux clauses dont les effets se confondent, ne peuvent malgré leur généralité, qu'exclure l'obligation de payer les dommages-intérêts. L'acheteur conserve toujours le droit de se faire restituer le prix.

On s'appuie sur la loi 11 p. 18. D. *de act, empti.* 19. 1. Ulpien cite un passage de Julien conçu en ces termes. « Et si aperte in venditione comprehen-
» datur, nihil evictionis nomine præstatum iri,
» pretium quidem deberi, re evicta, utilitatem non
» deberi. »

Il n'est pas douteux qu'il s'agisse d'une clause de non garantie, et cependant Julien, qui suppose que la chose a augmenté de valeur, décide que la garantie subsiste jusqu'à concurrence du prix, qu'elle cesse au-delà. Selon lui, cette clause doit s'interpréter en ce sens, que le vendeur a simplement voulu échapper aux chances d'augmentation de valeur qui eussent été à sa charge.

Pour nous, nous sommes d'avis que le vendeur, avec clause de non garantie, ne doit à l'acheteur ni des dommages-intérêts ni le prix.

Il nous semble qu'une pareille décision est plus conforme à l'intention des parties, qui si, elles n'avaient voulu excepter que la répétition des dommages-intérêts en cas d'éviction, ne se seraient pas servi d'une clause aussi générale.

Nous ne sommes pas non plus choqués de ce résultat que Julien trouve contraire à la bonne foi, à savoir que le vendeur garde le prix de la chose dont l'acheteur est évincé. En effet, dans une pareille vente, le prix n'est pas en rapport exact avec la valeur de la chose, car il y a toujours quelque chose d'aléatoire dans un tel contrat. L'acheteur n'a pas donné certainement le prix que sans cette clause il eut pû être disposé à accorder.

En outre, Ulpien ne nous paraît relater l'avis de Julien que pour le combattre. Au commencement du p, 18 de la loi 11 *de act. empti*, le jurisconsulte refuse à l'acheteur évincé l'action *ex stipulatu* et l'action *ex empto* lorsqu'il y a une clause de non garantie. « Nam si per se, non videtur id præstare, » ne alius evincat proinde si evicta res erit, sive » stipulatio interposita est, ex stipulatu non tene- » bitur : sive non est interposita, ex empto non » tenebitur. »

Puis il cite Julien dont l'opinion est contraire, mais qui cependant ne l'émet que d'une façon timide. *Julianus scribit posse defendi...* et il reprend. « Sed in supra scriptis conventionibus » contra erit dicendum, nisi forte sciens alienum » vendit. »

Ulpien a-t-il voulu donner une décision contraire à celle admise dans les ventes aléatoires relatées par Julien et dans lesquelles il n'y a pas lieu à répétition du prix? Ou bien, après avoir développé la théorie de Julien, approuvant sa solution dans les ventes aléatoires, rejette-t-il sa théorie pour les ventes faites avec clause de non garantie? Bien que nous reconnaissions qu'Ulpien eût pu s'exprimer d'une façon moins concise et plus claire, nous ne pensons pas que par ce membre de phrase, il ait repoussé sa doctrine établie au début du paragraphe.

Nous pouvons tirer un argument *a contrario* de la fin du texte, où Ulpien dit : « nisi forte sciens » alienum vendit : tunc enim, secundum supra a » nobis relatam Juliani sententiam, dicendum est, » ex empto eum teneri, quia dolo facit. »

Le jurisconsulte accorde l'action *ex empto* contre le vendeur de la chose d'autrui de mauvaise foi, il ne l'accorde donc point pour les conventions susrelatées, puisque les deux solutions se trouvent rattachées par le mot *nisi*, qui indique que la seconde est en opposition avec la première.

Or, s'il ne donne pas à l'acheteur l'action *ex empto*, et qu'il lui permette cependant de réclamer son prix, celui-ci ne pourra agir que par une « con- » dictio sine causa, » ce qui supposerait la nullité de la vente. Mais alors, en nous plaçant dans l'hypothèse où la chose a diminué de valeur, le vendeur de bonne foi sera moins bien traité que le vendeur de mauvaise foi. En effet, le premier devra rendre le prix, tandis que le second ne devra que la valeur de la chose; qui, dans l'espèce, sera inférieure au prix, car c'est la valeur seulement de la chose que le vendeur pourra obtenir par l'action *ex empto* qui lui est accordée.

Les parties peuvent déroger à la garantie au moyen de clauses spéciales.

Le vendeur n'est pas garant de la cause d'éviction qu'il a exceptée, la loi 69, *de evict.*, nous en fournit des exemples.

Le premier est celui d'un vendeur qui, en livrant un esclave, a déclaré ne pas vouloir garantir l'éviction procédant de la revendication par cet esclave de la liberté. Cette restriction a son effet plein et entier, soit que la personne, au moment même de la tradition, fût libre, soit qu'elle ne le fût devenue que plus tard, par l'accomplissement de la condition apposée au legs, qui lui a été fait de la liberté.

Plus loin; le texte suppose que le vendeur *qui libertatis causam excepit* a, de plus, indiqué l'événement particulier qui doit faire réaliser la condition. Il ne suffit plus alors que l'esclave ait été enlevé à l'acheteur, à raison de son état général *de statu liber*, il faut de plus qu'il n'ait conquis la liberté que par le moyen spécialement désigné dans le contrat.

Ainsi le vendeur qui a indiqué que l'esclave n'obtiendrait sa liberté qu'en donnant dix, tandis qu'il devait l'obtenir au bout d'un an, est tenu à garantie,

Nous ne pouvons douter, en présence de la loi 69, *de evict.*, dont nous venons d'analyser des parties, et qui oppose certains cas où le vendeur est tenu à garantie, à d'autres où il ne l'est pas, notamment dans le princ. et le § 1er, qu'en cas d'éviction, procédant d'une cause exceptée, le vendeur non-seulement ne doive pas de dommages-intérêts, mais encore qu'il puisse conserver le prix.

Bien qu'il n'y ait aucune clause de non garantie ni générale ni spéciale, le vendeur n'est pas tenu à garantie, dans les ventes qui ont pour objet un ensemble de choses indéterminé, par exemple, une hérédité, un pécule, à raison de l'éviction des objets particuliers, à moins qu'il n'ait fait une déclaration indiquant nommément l'objet évincé comme faisant partie de l'universalité vendue. Dans cette hypothèse, le vendeur, en désignant l'objet, s'est obligé à garantie, parce que relativement à cet objet, il a cessé d'être un vendeur d'un ensemble de choses indéterminé, il est devenu le vendeur d'une *res certa*.

Lorsque la chose a péri, il ne peut pas être question de garantie, bien que la chose ne fût pas la propriété du vendeur. D'une part l'acheteur ne peut pas agir *ex stipulatu* puisqu'il n'y a pas eu éviction; d'autre part, il ne peut agir *ex empto* puisqu'il n'a pas eu à souffrir du défaut de droit en la personne de son vendeur. (L. 21. D. *de evict.*)

L'acheteur n'a pas droit non plus à garantie lorsqu'il a acheté sciemment la chose d'autrui. Ainsi la connaissance du danger de l'éviction rend l'acheteur non recevable à diriger un recours contre son vendeur, peu importe la manière dont l'acheteur a su que la chose appartenait à autrui ; il n'est point nécessaire qu'il l'ait appris par la déclaration du vendeur lui-même.

L'achetenr, qui désire se rendre acquéreur d'une chose qu'il sait ne pas appartenir à celui qui la détient, peut cependant se ménager un recours en cas d'éviction en se faisant garantir expressément de l'espèce d'éviction qu'il redoute. (L. 4 p. 5 D, 44. 4. *De doli mali et metus except.*

Le texte, que nous venons de citer, nous indique le motif pour lequel on refuse à l'acheteur l'action en garantie, parce qu'il y aurait dol de sa part à vouloir réclamer du vendeur des dommages-intérêts pour une éviction qu'il avait prévue,

Pourra-t-il répéter le prix? Sur cette question on n'est pas d'accord. Nous pensons que l'acheteur ne peut réclamer ni des dommages intérêts, ni le prix. En effet, pourquoi viendrait-il enlever le prix au vendeur ? Celui-ci ne lui a-t-il pas fourni ce qu'il pouvait en attendre. L'acheteur a payé la chose en raison des chances d'éviction qu'il prévoyait. En tous cas, s'il a été imprudent, il ne peut reprocher qu'à lui-mêmc son imprudence,

Notre opinion est fondée sur la loi 27 C, *de evict*, 8. 45. Si fundum sciens alienum, vel obliga- » tum comparavit Athenocles neque quicquam de » evictione convenit ; quod eo nomine dedit contra » juris poscit rationem ». La difficultè porte sur le *quod eo nomine dedit*. Pour nous, le jurisconsulte a entendu que l'acheteur ne pourrait réclamer le prix payé pour avoir la chose. Dans l'opinion adverse qui soutient que l'acheteur peut répéter le prix de vente, on prétend que la seule réclamation interdite par le texte, est celle qui aurait trait aux dépenses occasionnées par l'éviction. Quant au prix, il est dû en vertu du contrat de vente, ce n'est point une dépense naissant de l'éviction, donc la prohibition de la loi 27 ne lui est pas applicable.

Notre solution est d'ailleurs confirmée par la loi 7 C. 3. 38 *communia utriusque judicii*. Voici l'espèce prévue : Primus est propriétaire par indivis avec plusieurs autres cohéritiers d'un même fonds. Durant l'indivision, les cohéritiers ont hypothéqué l'immeuble commun, puis le partage a eu lieu, et le fonds a été attribué à Primus sans qu'il ait été fait aucune mention de l'hypothèque. La loi prévoit d'abord le cas où Primus n'a pas connu les charges qui grevaient l'immeuble, et elle lui accorde alors l'action *ex stipulato*. si une stipulation est intervenue, ou autrement l'action *præscriptis verbis quanti interest*.

Passant à l'hypothèse inverse, si le cohéritier évincé par le créancier de ses copartageants a connu les charges du fonds, la loi décide que toute espèce de recours doit lui être refusé, à moins qu'il n'ait eu soin de faire insérer dans l'acte une promesse expresse de garantie « Si fundi scientes obligationem dominium suscepistis : tantum evictionis promissionem solemnitate verborum vel pacto promissam probantes, eos conveniendi facultatem habebitis. »

On nous oppose le § 4 de la loi 3, C, L. 6 t. 43. *Communia legatis*, ce passage serait concluant s'il n'y avait pas de règles spéciales pour le fidéicommis. En effet, Justinien accorde à l'acheteur qui n'ignorait pas la charge grevant la chose qu'il achetait, la répétition du prix.

Mais, dans le p. 3 de la même loi, l'empereur dit que la vente d'une chose grevée de fidéicommis est nulle : « quasi nec scripta, nec penitus fuerit celebrata, » ainsi l'on ne peut argumenter par analogie de la vente d'une chose grevée de fidéicommis à la vente de la chose d'autrui. Personne ne soutiendra que la vente de la chose d'autrui soit nulle, et n'accordera une *condictio sine causa* pour répéter le prix, c'est, cependant, ce qui arrive dans la vente dont s'occupe le texte, aussi comprend-on parfaitement le recours de l'acheteur pour ce qu'il a payé. Cette solution est donnée en haine de ces vendeurs de mauvaise foi, qui ne craignent pas de transgresser les volontés sacrées d'un mourant. Il résulte de ce qui précède que nous sommes en présence d'une disposition anormale et qu'on ne peut l'étendre en dehors du cas prévu.

Nous avons toujours supposé que levendeur ignorait n'être pas propriétaire de la chose, car s'il avait connaissance de l'imperfection de son droit, l'acheteur bien qu'il eût acheté sciemment, aurait le recours ordinaire, c'est-à-dire qu'il pourrait obtenir une indemnité équivalente à l'intérêt qu'il avait à ne pas être évincé, avec cette différence que si l'acheteur n'avait pas eu connaissance du danger d'éviction, il pourrait agir immédiatement avant d'être troublé dans sa possession, tandis que dans notre espèce il est obligé d'attendre l'éviction.

En un mot, lorsque le vendeur et l'acheteur savaient que la chose appartenait à autrui, la vente produit les mêmes effets que dans l'hypothèse où ils ont ignoré tous deux, l'un qu'il vendait la chose d'autrui, l'autre qu'il l'achetait.

---

# DROIT FRANÇAIS

## PRÉLIMINAIRES

Les principes de la vente Romaine furent conservés dans notre ancien droit, avec cette différence, toutefois, que l'on ne distinguait plus les actions *stricti juris* et les actions *bonæ fidei*. Pothier nous indique que toutes les actions étaient de bonne foi.

On appliquait donc, avant le Code, les règles de l'action *ex empto*. Ces mêmes règles nous régissent encore, sous l'empire de la nouvelle législation, qui, au lieu de les emprunter directement au droit romain, les a empruntées à nos anciens auteurs français.

C'est ainsi que le Code a été amené à donner des solutions contraires à celles presqu'universellement admises aujourd'hui par les interprètes du droit romain. Nous voulons parler de la question que nous avons traitée, de l'objet la condamnation dans l'action *ex empto*.

Il ne faudrait pas conclure de ce qui précède, que notre législation ne soit que la reproduction de la législation romaine,

Une grande innovation a supprimé la tradition, art. 1138 ; la tradition exigée par les lois romaines et les lois barbares. Car, il est à remarquer que chez les peuples dont la civilisation était peu avancée, on s'était préoccupé de donner une certaine solennité à la tradition qui fait changer la propriété de mains.

Si nous trouvons cette nécessité de la tradition réelle ou symbolique chez tous les peuples, ce n'est pas sans but, sans intérêt. Il y a, en effet, un but de publicité,

Cela est si évident que la loi du 23 mars 1855 est venue remédier au danger que présentait la clandestinité des aliénations.

L'art. 1138 ne s'exprime pas ausssi formellement que nous venons de le faire, mais l'idée existe. A l'imitation des jurisconsultes romains qui évitaient avant tout de changer la loi, le Code suppose qu'il y a toujours une clause de dessaisine, saisine, clause qui était usitée dans notre ancien droit. Cette présomption rend illusoire la tradition, et la supprime en réalité, sans la supprimer théoriquement.

Le vendeur romain est obligé « à præstare rem » habere licere. » Le vendeur français lui doit transférer la propriété, cela amène, comme conséquence, la nullité de la vente de la chose d'autrui (1599).

Voilà une différence fondamentale, et cependant nous verrons que les effets des deux doctrines ne sont pas aussi dissemblables que paraîtrait l'indiquer la contradiction de leur principe.

Ainsi, bien que la vente soit nulle, le vendeur est néanmoins obligé à des dommages-intérêts. Ces dommages-intérêts sont-ils dûs en vertu de la vente? En un mot, peut-on considérer la vente nulle comme un contrat productif d'obligations? Ou les dommages-intérêts sant-ils dûs en vertu du principe général de l'article 1147. Le débiteur est condamné, s'il y a lieu, au payement de dommages et intérêts à raison de l'inexécution de l'obligation.

C'est une question controversée. Nous pensons que la dernière opinion qui fait de la vente de la chose d'autrui un contrat absolument nul, est la plus exacte.

Il ressort, en effet, des travaux préparatoires du Code, que la vente de la chose d'autrui est nulle, inexistante, et non pas seulement annulable dans l'intérêt exclusif de l'une ou de l'autre des parties.

Il est contre toute raison et contre tous les principes, disait M. Portalis, au Corps législatif, que deux personnes puissent, avec connaissance de cause, disposer d'une propriété qui appartient à un tiers à l'insu duquel elles traitent.

Le tribun Faure n'était pas moins explicite : la transmission de la propriété, disait-il, est l'objet de la vente. C'est au propriétaire à vendre sa chose, si bon lui semble ; mais pour celui qui ne l'est pas, la seule obligation dont l'exécution dépend de lui consistant dans les dommages et intérêts, c'est par une pure subtilité qu'on l'appelle vendeur, car si le même jour où celui-ci vend, le véritable propriétaire vendait, il faudrait donc dire qu'il y a eu de sa part un fait blâmable et dommageable.

M. Grenier, dans son discours au tribunat indique que si l'acheteur de bonne foi a la faculté de réclamer des dommages-intérêts, c'est parce qu'il ne doit pas être victime de sa bonne foi.

Examinons, au point de vue pratique, l'intérêt qui existe, à savoir, si la vente est inexistante ou seulement annulable, si elle est affectée d'une nullité absolue ou d'une nullité relative.

Dans le cas où le vendeur a livré la chose vendue, il n'y a pas de différence dans la solution adoptée par les deux opinions.

Le vendeur ne pourra pas réclamer la chose, même en offrant des dommages-intérêts ; parce que, dans la première opinion, la vente dont la nullité n'est que relative, fait naître à la charge du vendeur l'obligation de maintenir la paisible possession ; parce que, dans la seconde opinion, « in » pari causa melior est causa possidentis ; » et à quel titre, en effet, le vendeur pourrait-il réclamer la chose, il n'en est pas propriétaire.

Mais si le vendeur n'a pas livré dans la première question, il peut être contraint à le faire, parce que la possession a des avantages, et qu'il ne peut se fonder pour la refuser à l'acheteur de ce qu'il ne lui donnerait pas ce qu'il lui a promis, en outre de cette possession, c'est-à-dire la propriété.

Le vendeur, dans la deuxième opinion, ne peut être forcé à livrer parce que la vente étant absolument nulle, l'acheteur n'a pas d'action, et n'a aucun titre pour se faire délivrer la chose « in pari » causa melior est causa possidentis.

Cette solution, si elle est admise, nous donne une différenee avec le droit romain, qui certainement accordait à l'acheteur le droit de se faire mettre en possession. Les principes nouveaux établissent entre la doctrine romaine et la doctrine française une différence d'un grand intérêt, sur laquelle tout le monde est d'accord.

En droit romain et dans l'ancienne jurisprudence, la juste crainte d'éviction ne donnait pas à l'acheteur le droit d'attaquer le vendeur; car ainsi que nous l'avons vu, celui-ci n'était pas obligé à transférer la propriété : il n'était tenu qu'à livrer la paisible possession, en sorte que l'acheteur tant qu'il n'était pas réellement troublé, n'était pas fondé à se plaindre. Au contraire, du moment que la vente de la chose d'autrui est nulle, l'ancienne règle n'est plus applicable. Lorsque l'acheteur acquiert la connaissance de faits ou d'actes tels qu'il doit être infailliblement évincé le jour où des tiers voudront exercer leurs droits, bien que le trouble ne soit pas encore réalisé, il peut néanmoins demander la résolution de la vente. Il est dès lors évident, puisque nous supposons la propriété non transférée que la vente n'a pas produit son effet. Nous nous contenterons de signaler cette différence, sans nous y arrêter car elle a trait à l'action en résolution qui ne rentre pas dans le cadre que nous nous sommes tracé.

Notre législation, s'est également écartée des anciens principes en ce qui concerne l'objet de l'action en garantie. Elle a adopté l'avis de Dumoulin et de Pothier qui distinguaient deux objets : l'un fixe invariable, *caput perpetuum* comprenant le prix dont la restitution est toujours dûe, quel que soit l'état de la chose au moment de l'éviction : l'autre, désigné sous le nom de *caput casuale*, concerne les dommages-intérêts; il varie suivant l'étendue du préjudice causé, et il peut même disparaître entièrement, si la restitution du prix suffit pour indemniser l'acheteur.

Nous avons adopté l'ordre suivant pour étudier ce qui concerne la garantie en cas d'éviction.

1. Quelles évictions donnent lieu à un recours en garantie.
2. De l'action et de l'exception de garantie.
3. Des effets de la Garantie.
4. Conventions modificatives de la garantie.
5. De la garantie des charges réelles.
6. Vente des choses incorporelles.

# CHAPITRE PREMIER

## QUELLES ÉVICTIONS DONNENT LIEU A UN RECOURS EN GARANTIE.

L'éviction, dans un sens strict, est le résultat de la sentence qui dépouille l'acheteur. Dans notre droit, toute éviction donne lieu à garantie, nous n'avons pas à distinguer entre l'éviction *lato sensu et stricto sensu*. Toutes les fois, que l'acheteur est privé de tout ou partie de chose vendue; toutes les fois, qu'il ne possède pas la chose *ex causa emptionis*, le vendeur doit l'indemniser. Parcourons diverses espèces, où nous verrons l'application de l'idée qui vient d'être exprimée.

L'acheteur peut être simplement troublé ou avoir un juste sujet de crainte d'être troublé par une action en revendication, ou une action hypothécaire, il peut mettre en cause son vendeur pour le défendre, c'est en ce sens seulement, que nous pouvons dire, qu'il y a lieu à garantie; car il ne pourrait réclamer le prix et des dommages-intérêts, avant que le tribunal n'ait statué sur le mérite de l'action intentée contre lui.

Il y a également éviction, si la chose vendue est entre les mains d'un tiers et que l'acheteur succombe dans l'action en revendication. Il est privé, en effet, d'un avantage qui devait lui procurer l'achat qu'il a fait.

L'article 2178 C. civil nous montre que l'acheteur a droit à garantie : s'il a payé la dette hypothécaire, ou délaissé l'immeuble hypothéqué, ou subi l'expropriation de cet immeuble. Ainsi quel que soit le parti que prenne l'acheteur d'un immeuble grevé d'hypothèque, sommé de payer ou de délaisser par un créancier hypothécaire, il a un recours contre son vendeur.

Il y a encore éviction lorsque l'acheteur conserve la chose vendue, à tout autre titre que celui d'acheteur ; par exemple, comme héritier, donataire ou légataire d'un tiers qui était le véritable propriétaire de la chose vendue. Le vendeur ne peut alors soutenir que son engagement a été rempli, puisque ce n'est pas la vente qui a transféré la propriété à l'acheteur.

Si le droit du revendiquant est incontestable, l'acheteur peut faire abandon de la chose, sans attendre d'y être contraint par une décision judiciaire, et il conservera néanmoins son action en garantie contre le vendeur.

Pothier au n° 96 de son traité de la vente, nous fournit un exemple : Un immeuble a été donné par une personne alors sans enfants. Le donataire vend l'immeuble. Puis un enfant survient au donateur qui revendique le bien donné contre l'acheteur. Sa prétention étant fondée, indiscutable, il est inutile d'obliger l'acheteur à soutenir le procès, il peut faire abandon, sans crainte de se voir dépourvu de recours.

Le vendeur n'est garant que des évictions qui procèdent d'une cause antérieure à la vente.

La vente à réméré nous donne un exemple d'une éviction procédant d'une cause antérieure à la vente. Nous supposons que l'acheteur d'une chose vendue avec faculté de rachat, l'a revendue. Si le vendeur fait usage de son droit, le second acheteur sera évincé et en vertu d'une cause antérieure à la vente.

Il n'est pas nécessaire que la cause de l'éviction existe déjà au moment de la vente, il suffit qu'il y en ait le germe pour qu'on puisse dire que l'éviction procède *ex causa antiqua*.

Ainsi le grevé d'une substitution vend un bien compris dans la substitution, avant l'ouverture de cette substitution, ou même avant la naissance des appelés ; puis la substitution s'ouvre, et les appelés évincent l'acheteur de son acquisition.

Le vendeur n'est pas garant de l'éviction qui procède d'une cause postérieure à la vente, car il ne saurait être responsable des droits qui prennent naissance après la vente, sans sa participation : ce sont pour lui des cas fortuits. Pothier cite cette espèce : (n° 93 de la vente). Si depuis la vente qui m'a été faite d'un héritage, il a été rendu un arrêt du conseil, en vertu duquel on m'en a pris une partie pour faire un chemin public, mon vendeur ne sera pas garant de cette éviction, dont la cause n'est née que depuis le contrat. Aujourd'hui également l'acheteur évincé par une expropriation pour cause d'utilité publique n'a pas de recours, même lorsque l'Etat est lui-même vendeur (conseil d'Etat 29 novembre 1855),

Le fait du prince ou d'un pouvoir public doit être considéré comme un cas fortuit à la charge de l'acheteur. Mais si le fait du prince se borne à déclarer un droit préexistant, par exemple, la nullité de la donation portant sur un domaine de l'Etat, et qui a été faite par un possesseur temporaire du pouvoir, il a été jugé que la garantie était due. Cette distinction a été consacrée dans une espèce où il s'agissait de biens donnés par Jérôme Bonaparte, roi de Westphalie, à son ministre des affaires étrangères, et restitués à la maison de Hesse par une ordonnance de l'électeur en 1814. (Cassation 14 avril 1830.)

L'acheteur n'a pas non plus de recours contre le vendeur, à raison des charges que fait peser sur l'immeuble acquis une ordonnance administrative postérieure à la vente, qui établit sur cet immeuble et sur les autres immeubles d'une commune, une contributien extraordinaire destinée à l'acquittement de la dette de cette commune, quoique la dette existât avant cette même vente.

C'est par l'ordonnance en effet, que la dette de

la commune est devenue la dette des immeubles, composant le territoire de la commune.

Si l'immeuble est saisi pour l'acquittement de cette contribution, c'est en vertu d'un droit postérieur à la vente ; l'exercice de ce droit n'entraîne donc pas de recours en garantie.

Lorsque l'acheteur voulant purger a fait la notification prescrite par l'art. 2183 c. c. et qu'un créancier hypothécaire, en vertu de l'art. 2185 C. C., a requis la mise de l'immeuble aux enchères et adjudications publiques ; l'acheteur évincé a-t-il un recours ?

Bien qu'on ait prétendu que cette surenchère était un fait postérieur à la vente, et qui n'était point personnel au vendeur, que par conséquent il n'en pouvait être déclaré responsable ; il ne faut pas hésiter à reconnaître que l'éviction procède d'une cause antérieure à la vente, et que par conséquent le vendeur en est garant. En effet, la surenchère, tout en étant un fait postérieur à la vente, procède cependant d'une cause antérieure, en ce qu'elle a sa source dans l'inscription hypothécaire qui affectait la chose et qui donnait, au moment même du contrat, au créancier bénéficiaire de cette inscription, le droit éventuel de surenchérir.

L'art. 2191 qui accorde à l'acquéreur qui s'est rendu adjudicataire une action contre le vendeur, pour le remboursement de ce qui excède le prix stipulé par son titre, nous indique que la solution du Code ne peut être douteuse sur la question qui nous occupe.

Examinons maintenant une espèce qui présente matière à une controverse assez vive. L'acheteur est évincé par suite d'une prescription ayant commencé avant la vente, mais accomplie seulement depuis la vente. Le vendeur est-il garant ? C'est-à-dire faut-il voir dans cette éviction une cause antérieure à la vente ? ou bien faut-il décider qu'il n'y a pas lieu à garantie parce que l'éviction provient d'un fait postérieur à la vente ?

1^er^ *Système.* — Le vendeur doit la garantie, car la prescription remontant quant à ses effets au jour où elle a commencé, on peut soutenir que dans la possession du tiers détenteur, existait un germe d'éviction. C'est du jour où la possession a commencé, que le tiers détenteur, une fois la prescription accomplie, est censé avoir été propriétaire.

Pour se soustraire à l'obligation de garantie, le vendeur devait poursuivre le possesseur, afin d'interrompre la prescription.

2^e^ *Système.* — L'acheteur doit s'imputer d'avoir laissé convertir la possession du tiers détenteur en un droit de propriété positif et incommutable; une prescription commencée n'est absolument rien, elle ne confère aucun droit. C'est l'incurie de l'acheteur et non la prescription commencée qui est cause de l'éviction.

Mais est-il exact de dire qu'il y ait un germe d'éviction dans la prescription commencée, comme nous l'avons décidé dans l'hypothèse de la vente d'un bien grevé de substition? On ne peut, suivant nous, faire de rapprochements entre les deux cas.

Il n'est pas au pouvoir de l'acheteur d'un bien grevé de substitution de se soustraire à l'éviction en empêchant la substitution de s'ouvrir. C'est un événement fatal qu'il doit subir, sans moyen de l'éviter, tandis que l'acheteur d'un bien acquis plus tard par prescription, n'avait qu'à revendiquer. S'il ne l'a pas fait, il a été négligent, qu'il en supporte donc les conséquences.

Nous adoptons cette seconde opinion, tout en y apportant un tempérament que nous semble réclamer l'équité. Le vendeur, selon nous, serait garanti si, lors de la vente, la prescription était presque entièrement accomplie, par exemple : Si elle n'avait plus que quelques mois à courir. Nous accordons donc, aux tribunaux le droit d'examiner si le vendeur à raison des circonstances particulières de la cause, ne doit pas être déclaré responsable d'une éviction qu'en principe l'acheteur doit supporter.

Nous venons de voir que l'acheteur est en résumé, responsable lorsque la prescription s'est accomplie par sa faute. Sa responsabilité a pour résultat de le priver d'un recours en garantie. Ainsi le vendeur n'est pas garant des évictions accomplies par la faute de l'acheteur.

En droit romain, le vendeur était à l'abri de toute action en garantie de la part de l'acheteur, si le temps fixé pour la prescription *longi temporis* ou l'usucapion était écoulé (L. 54 pr, et 56 p. 3 *de evict.* l. 21, t, 2), l'acheteur était donc obligé d'invoquer l'usucapion ou la prescription, il ne pouvait s'y refuser sans le faire à ses risques et périls. Cette solution doit-elle être transportée en droit français? Devons-nous décider que l'acheteur est obligé d'invoquer une prescription accomplie? Nous ne le pensons pas.

Nous ne pouvons admettre que l'acheteur soit forcé, sous peine de perdre tout recours, d'opposer la prescription à la prétention de son adversaire qu'il sait juste et fondée. Il est inique de l'obliger d'agir contre sa conscience et contre son honneur, et il nous semble que telle est la pensée du code. En effet, art. 2223, les juges ne peuvent pas suppléer d'office le moyen résultant de la prescription. Qu'est-ce à dire, si ce n'est que ce moyen est laissé à la conscience de celui qui l'invoque. que c'est lui qui est seul juge dans la question de savoir s'il doit ou non l'opposer,

Or, si c'est à lui d'apprécier s'il doit ou non se servir de la prescription, le vendeur ne peut se plaindre de ce qu'il ne l'ait pas opposée, il ne peut pas lui dire, c'est par votre faute que vous êtes évincé et par conséquent je suis à l'abri de votre action en garantie; car, l'acheteur répondrait : je n'ai fait qu'user de la faculté que la loi m'a accordée, et en usant de mon droit, je ne puis être en faute.

L'éviction donne toujours lieu à la garantie quand

elle procède du fait personnel du vendeur, alors même que la cause en est postérieure à la vente.

L'exemple donné par tous les auteurs, sous l'empire du Code, est celui-ci : Je vous ai vendu ma maison par acte sous seing privé que vous avez négligé de faire enregistrer; puis je la vends à une autre personne par acte authentique : Si nous supposons que la maison a été livrée au premier acheteur, celui-ci ne pourra opposer son titre d'acquisition, à la revendication du second acheteur. Mais comme c'est à l'égard des tiers seulement que la date certaine est requise (1328) l'acheteur peut se retourner contre son vendeur, et lui demander garantie à raison d'une éviction dont il est l'auteur.

Aujourd'hui, avec la loi dn 23 mars 1855, nous pouvons supposer deux ventes successives consenties par le même vendeur à deux personnes différentes : si le second acheteur fait transcrire le premier, c'est à lui que l'immeuble restera.

Le premier acheteur se trouvera donc évincé par la seconde vente, c'est-à-dire, par une cause postérieure à la vente et procédant du fait de son vendeur.

L'acheteur d'un meuble peut être également évincé en vertu d'une cause postérieure à la vente procédant du fait du vendeur.

L'hypothèse est la suivante :

Une personne fait l'acquisition d'un meuble, et convient que la livraison en sera effectuée dans un certain délai. Pendant ce délai, le vendeur revend le meuble et le livre à une autre personne qui, à la supposer de bonne foi, sera garantie par la règle en fait de meubles, possession vaut titre 2279 C. C.

L'acheteur évincé en vertu de l'art. 841 qui permet à l'un des cohéritiers l'exercice du retrait successoral, ne peut pas prétendre à un recours en garantie ; il en est de même, lorsque le retrait litigieux a été exercé aux termes de l'art. 1699. Ce n'est pas le fait du vendeur qui évince l'acheteur, c'est le fait de la loi.

Il a été jugé (Lyon, 28 août 1843) que si le vendeur d'un fonds de commerce établit immédiatement un nouveau fonds de même nature près du fonds vendu, il porte atteinte à la jouissance paisible qu'il avait promise à son acheteur, et qui comprend la jouissance de la clientèle.

Cependant la vente d'une usine n'emporte pas, pour le vendeur, prohibition d'établir une nouvelle usine de même nature que celle qui a été vendue et à ses côtés. (Cassation, 17 juillet 1844).

Pothier, par application de la loi 57 *de evict.*, décide qu'il n'y pas lieu à garantie pour les évictions qui sont demeurées sans effet. Ainsi, une personne ayant été condamnée à délaisser un héritage qui lui avait été rendu, n'aura pas de recours contre le vendeur si elle est demeurée en possession de cet héritage. Il peut arriver qu'elle garde la possession de l'héritage ; par exemple, si celui au profit de qui la sentence avait été rendue, étant, peu après, mort insolvable, n'a pas eu d'héritiers qui aient accepté sa succession. (Pothier n° 89 de la vente).

Nous ne pensons pas que cette décision puisse être transportée dans notre droit, car le vendeur s'étant obligé à transférer la propriété, l'acheteur, bien qu'il soit maintenu en possession, peut se plaindre de ce que l'obligation contractée vis-à-vis de lui n'est pas remplie. C'est une conséquence de ce que, dans notre droit, le vendeur doit transférer la propriété, tandis qu'en droit romain il n'avait qu'à « præstare emptori rem habere licere. »

---

## CHAPITRE II.

### DE L'ACTION ET DE L'EXCEPTION DE GARANTIE.

L'acheteur évincé a une action contre son vendeur dont le but est de l'indemniser de l'éviction suivant les règles que nous étudierons plus tard.

Lorsqu'une personne tenue à garantie veut évincer l'acheteur, celui-ci a un moyen de défense pour le repousser, c'est l'exception de garantie. On ne comprendrait pas, en effet, que la personne qui doit protéger l'acheteur contre les évictions, et l'indemniser, si elle n'a pu y parvenir fût celle-là même qui l'évinçât.

Cette idée est exprimée par cet adage classique. « Quem de evictione tenet actio eumdem agentem repellit exceptio. »

Mais quelle est la nature de cette action et de cette exception de garantie?

L'action de garantie est-elle indivisible ou divisible?

L'exception de garantie est-elle indivisible ou divisible?

La divisibilité ou l'indivisibilité de l'action et de l'exception de garantie est l'objet des controverses les plus vives tant en droit romain qu'en droit français.

Etudions cette question d'abord au point de vue du droit romain.

Les commentateurs ne sont pas d'accord sur l'objet de l'obligation de garantie. Les partisans de l'indivisibilité soutiennent avec Pothier et Dumoulin que l'objet immédiat et primitif de cette action est la prise de fait et cause pour l'acheteur, c'est-à-dire la défense de la cause de l'acheteur dont le vendeur est obligé de se charger, *factum defendendi* (Pothier vente n° 104). L'acheteur ne peut être défendu pour partie, et comme la défense se traduit dans le fait par le garant de prendre le fait et cause du garanti, on peut dire que le garant ne peut prendre pour partie le fait et cause du garanti.

Nous pensons que l'obligation est divisible; en effet, l'objet de l'obligation du vendeur en droit romaiu est de « præstare rem habere licere. » l'objet de l'obligation de garantie, et par conséquent de l'action, est de continuer cette délivrance. Aussi, trouvons-nous fort juste cette définition de la garantie donnée par M. Rodière; (une délivrancs continuée).

Or, la délivrance de la chose peut s'accomplir partiellement, nous en avons la preuve dans la loi 1 *de evictionibus*, qui n'accorde pas à l'acheteur en cas d'éviction partielle un recours intégral. Si l'objet de l'obligation était le *factum defendendi*, le vendeur qui n'a pas défendu, qui a succombé aurait donc manqué à son obligation, et devrait être soumis au recours intégral de l'acheteur. Une obligation indivisible n'est pas susceptible d'exécution partielle.

La loi que nous venons de citer consacre bien le principe de la divisibilité de l'action, car l'acquéreur n'aura l'action en garantie que pour la partie évincée, alors même que le vendeur a reconnu les droits des tiers sur une partie de la chose vendue, et n'a défendu que pour l'autre partie.

Pothier, d'ailleurs, reconnaît au nº 105 (vente) que l'obligation *præstandi ei rem habere licere* est divisible *obligatione.* Il ajoute, il est vrai, qu'elle est indivisible *solutione*, mais nous avons en raisonnant sur le cas d'une éviction partielle montré l'inexactitnde de cette proposition. Il nous faut examiner les arguments que l'on oppose à notre doctrine. On s'appuie surtout sur la loi 85 p. 5. *de verb. oblig.* dont voici le texte : « In solidum agi oportet, » et partis solutio adfert liberationem, cum ex » causa evictionis intendimus, nam auctoris he- » redes in solidum denuntiandi sunt, omnes que » debent subsistere, et quolibet defugiente omnes » tenebuntur : sed unicuique pro parte hereditaria » præstatio injungitur. »

La loi 139 *de verb. oblig.* semble également proclamer l'indivisibilité de l'obligation. Les mots *in solidum conveniendi* peuvent indiquer que chacun des héritiers peut être tenu pour le tout. Mais alors, pourquoi l'acquéreur était-il obligé d'appeler tous les garants, et n'avait-il pas le droit de s'adresser à un seul comme cela a lieu toutes les fois que chacun des débiteurs est tenu pour le tout par suite de l'indivisibilité de l'obligation?

Ajoutons que ces textes prévoient le cas non pas de l'action *ex empto*, mais bien de l'action *ex stipulatu*, et que l'on peut parfaitement considérer la défense *in solidum*, dont parlent ces textes, comme n'étant qu'une forme de la procédure, une conséquence de la *stipulatio duplæ*, qui était la stipulation d'une clause pénale en cas d'éviction. Or la clause pénale attachée à une obligation divisible, la rend indivisible (l. 25, p. 13 *familiæ erciscundæ* 10. 2), en ce sens que la peine était encourue, si l'obligation n'était exécutée qu'en partie : qu'elle l'était à l'égard de tous les débiteurs, si l'un d'eux seulement ne l'avait pas exécntée; d'où la conséquence que chaque débiteur devait exécuter pour le tout, s'il voulait éviter la peine. Dès lors on comprend l'intérêt, et ajoutons la nécessité pour chaque garant de défendre, non-seulement pour sa part, mais encore pour celle de ses codébiteurs : puisque l'inexécution même partielle, faisait encourir la peine pour le tout et à l'égard de tous. Ce n'était là que l'effet de la clause pénale, et non de l'indivisibilité de l'obligation de garantie. Mais les effets rigoureux attachés sous l'ancien droit à la clause pénale se modifièrent sous l'influence du droit prétorien. C'est ainsi que *l'exceptio doli* fut accordée contre les créanciers envers qui l'obligation avait été exécutée, et qui réclamaient leur part dans la peine encourue par l'inexécution envers quelques autres créanciers.

C'est ainsi selon nous, que la peine ne fut plus encourue pour le tout en cas d'éviction partielle.

Peu à peu tous les effets résultant de ce que nous appellerons l'indivisibilité de la clause pénale disparurent dans les contrats de bonne foi et les stipulations accessoires à ces contrats; et dans la *duplæ stipulatio*, le seul vestige de l'ancien droit qui survécut, fut cette règle que la vente devait être défendue pour le tout, *in solidum defendenda venditio...*, par les divers héritiers du vendeur, conservée dans le but unique de rendre commune à tous les héritiers la chose jugée à l'égard d'un seul.

Ce n'était donc là qu'un effet de la clause pénale, aussi, est-ce à côté de la clause pénale que Paul parle de l'obligation de garantie, et par conséquent si l'obligation, selon l'expression de Paul, pouvait être demandée *in solidum*, mais prestée pour partie, ce n'était point, de même que pour l'obligation avec clause pénale, à cause de son indivisibilité.

« Nous avons emprunté cette explication à M. Eyssautier. Nature de l obligation de garantie (p. 32 et 33). »

Nous n'avons parlé jusqu'à présent que de l'action en garantie ; voyons ce qu'il faut décider pour l'exception. Logiquement on serait amené à décider que les partisans de l'indivisibilité de l'action doivent consacrer le principe de l'indivisibilité de l'exception. Qu'est-ce donc en effet que l'exception de garantie, sinon l'action même en garantie intentée avant la réalisation de l'éviction?

Cette exception est une sorte de compensation entre le droit de revendication que le débiteur de la garantie pourrait avoir contre l'acquéreur, et le droit de garantie qui appartient à ce dernier. Mais s'il n'y a qu'une compensation entre les deux actions, entre les deux droits, il ne s'agit que d'empêcher le débiteur de la garantie de prendre ce que l'action en garantie le forcerait à rendre aussitôt après l'éviction, n'est-il pas évident pour tous que la mesure de l'action sera la mesure de l'exception?

Cependant Pothier et Dumoulin admettent la divisibilité de l'exception en se fondant sur la loi *quum a matre* 14 au Code de *Rei vindicatione* 3. 32, loi qui consacre en effet, le principe de la divisibilité de l'exception. Comment expliquer qu'ils n'aient pas conclu de la divisibilité de l'exception à la divisibilité de l'action?

Les partisans de l'indivisibilité de l'exception repoussent la solution de la loi 14. par ce motif que ce n'est pas une solution donnée dans un cas général mais dans un cas particulier, lorsque l'acheteur est de mauvaise foi et a su que la chose vendue n'appartenait pas au vendeur. Il nous semble étonnant qu'une circonstance quelle qu'elle soit puisse rendre divisible une obligation indivisible.

Dans notre ancien droit la controverse sur cette question de divisibilité et d'indivisibilité s'est surtout nourrie des textes du droit romain. Cela se comprend, à cause de l'autorité si grande de ce droit dans notre pays, où il suppléait aux lacunes du droit coutumier, comme droit subsidiaire; où, comme raison écrite, il était la loi des pays de droit écrit.

De nos jours la controverse subsiste, par suite de la grande autorité de Dumoulin et de Pothier, on n'ose pas donner franchement tort à ces deux éminents jurisconsultes, de sorte qu'actuellement encore les textes du droit romain jettent sur cette question une grande obscurité.

Mais examinons la question en droit français, sans plus nous préoccuper de la décision à donner en droit romain.

Des auteurs prétendent avec Pothier et Dumoulin que l'action est indivisible, et l'exception divisible; nous repoussons cette distinction par les motifs que nous avons déjà invoqués en traitant cette question en droit romain.

Nous ne pouvons comprendre logiquement qu'une action et une exception également indivisible et une action et une exception également divisible.

La solution de cette difficulté dépend toujours de l'objet de l'obligation de garantie.

Pour ceux qui soutiennent l'indivisibiliié de l'action et de l'exception l'objet de l'obligation est de maintenir l'acheteur en possession paisible, c'est le *factum defendendi.* — Or le fait de défendre est par sa nature indivisible. Pourrait-on défendre par moitié par exemple ? L'un des héritiers pourrait-il présenter par moitié un moyen de défense, afin de faire rejeter la demande en revendication. Par la nature même des choses, il n'y a pas de division possible ; et aux termes de l'art. 1217 l'obligation est divisible ou indivisible selon qu'elle a pour objet ou une chose qui dans sa livraison, ou un fait qui dans l'exécution, est ou n'est pas susceptible de division soit matérielle soit intellectuelle.

Mais qu'est-ce que défendre ? Si par défendre, on entend faire maintenir l'acquéreur en possession c'est une obligation divisible ; car nous voyons qu'en cas d'éviction partielle art. 1636. l'acheteur n'a droit qu'à une indemnité proportionnée à la valeur de la partie évincée ; à moins que cette partie ne soit de telle conséquence, relativement au tout, que l'acquéreur n'eut pas acheté sans la partie dont il a été évincé, alors il peut faire résilier la vente.

Nous admettons parfaitement que l'acquéreur puisse user de cet article dans le cas où par exemple : la chose vendue est revendiquée par un héritier, qui ne l'est que pour une fraction équivalente à un dixième.

Il est probable, en effet, que l'acheteur évincé des neuf dixièmes n'eut pas acheté le dixième qui lui restera. Du reste, cette preuve qu'il n'eut pas acheté sans la partie dont il a été évincé, doit être administrée par l'acquéreur, et les tribunaux sont souverains juges de cette question, qui ne peut se décider qu'en fait. Nous écartons ainsi le reproche qu'on nous fait de morceler l'héritage vendu d'une façon préjudiciable à l'acheteur et contraire à ses intentions.

Si par défendre, on entend plaider, présenter les moyens de défense devant un tribunal, nous avouerons que la plaidoierie en elle-même est indivisible, mais nous ne pourrons en induire que l'obligation de garantie le soit.

Enfin on peut donner à ce mot, le sens de conclure en justice. Mais on peut défendre parfaitement pour partie à une action en justice. En effet, bien que les deux héritiers d'un vendeur ne puissent faire valoir la moitié d'un moyen produire la moitié d'un titre; ils peuvent faire valoir chacun tous les moyens pour demander que l'acquéreur soit maintenu en possession de la moitié de la chose. De plus, au lieu de supposer à tous les garants les mêmes moyens, nous n'avons qu'à supposer plusieurs vendeurs dont les droits sur la chose vendue ont une origine différente.

Chacun fera valoir ses moyens personnels, et ne conclura que pour la part dont il est garant. L'obligation et l'exception de garantie sont divisibles, parce que l'objet de l'obligation est, nous l'avons dit, la délivrance continuée, délivrance qui peut s'accomplir partiellement ainsi que nous l'avons démontré.

Si, en principe, l'obligation de garantie est divisible, il n'est pas douteux cependant que cette obligation sera indivisible, si la chose vendue est elle-même indivisible.

## SECTION PREMIÈRE

### PAR QUI FAUT-IL QUE L'ÉVICTION SOIT SUBIE, POUR QUE LA GARANTIE SOIT DUE

Il est, hors de doute, que l'éviction, qui atteint l'acheteur ou ses successeurs universels qui sont ses représentants, donne lieu à garantie.

Mais que décider, si l'éviction a été subie par une personne ayant acquis la chose à titre particulier ?

L'acquisition peut être à titre gratuit ou à titre onéreux.

Examinons d'abord l'hypothèse où la chose vendue a été donnée.

Le donataire évincé a-t-il une action ? En Droit Romain nous avons décidé qu'il n'avait pas de moyen de recours, à moins qu'il n'eut obtenu la cession d'actions de son donateur.

Dans notre ancien droit Pothier suivait la doctrine Romaine, (Pothier vente n° 98). Mais ce résultat blesse l'équité, on ne saurait comprendre que le vendeur profitât de la générosité faite par l'acheteur, et qu'il fut libéré de son obligation de garantie par suite de la donation. Cette solution est trop inique pour être admissible.

Dans notre droit cette cession d'actions exigée par le Droit Romain et par Pothier est toujours sous-entendue, car le donateur, comme un vendeur, s'oblige à céder tous les droits et actions qu'il a sur la chose donnée.

Déjà dans l'ancien droit, Domat admettait que la demande en garantie pût être formée tant par l'acquéreur que par ses représentants soit à titre universel soit à titre particulier ?

En outre, on ne pourrait soutenir aujourd'hui, si on refusait l'action au donataire, que le donateur ne puisse pas agir contre son vendeur. La vente de la chose d'autrui est nulle, le prix a donc été payé sans cause ? il en résulte que le donateur a une action en répétition du prix.

Le vendeur ne peut lui dire, comme en droit romain ; vous n'avez pas d'intérêt, car il est impossible d'évaluer, en égard à l'affection que vous portez au donataire, le préjudice causé par l'éviction : le donateur répondrait, ce n'est pas la réparation du préjudice qui m'a été causé que je réclame, mais le prix que j'ai payé et que je ne devais pas.

Puisqu'on est forcé de reconnaître que le donateur a une action, on doit également admettre qu'il l'a cédée au donataire, au moins tacitement, car s'il avait eu l'intention de la conserver par devers lui, il ne se fut pas ainsi enlevé tout espoir de recouvrer la chose donnée ou au moins son équivalent, ce qui serait contraire à la règle formulée dans l'art. 894 que le donateur doit se dépouiller actuellement et irrévocablement de la chose donnée. Il en résulte que, si on n'admet pas la cession d'action tacite, on est forcé de déclarer nulle toute donation qui n'est pas accompagnée d'une cession d'actions expresse, or personne n'a prétendu que cela fut nécessaire pour la validité d'une donation.

La chose vendue à Secundus par Primus a été revendue par Secundus à Tertius.

Tertius, ou le sous-acquéreur, a-t-il une action directe en garantie contre Primus? Tertius a, en cas d'éviction, sans aucun doute, une action en garantie contre Secundus : il est à ce titre au nombre de ses créanciers, et peut, en vertu de l'art. 1166, intenter, du chef de son débiteur, toutes les actions de ce dernier qui ne sont pas attachées à sa personne. Mais cette manière de procéder expose le sous-acquéreur évincé à voir les autres créanciers de son vendeur concourir avec lui sur ce que Primus doit lui payer. Le recours en garantie de Tertius, en cas d'insolvabilité de Secundus, se réduit donc à rien ou presque de rien; puisqu'il est forcé de partager ce qu'il obtient de Primus avec les autres créanciers au prorata de leurs créances.

On éviterait ce résultat en accordant au sous-acquéreur une action directe contre le vendeur de son vendeur à lui-même.

Nous pensons qu'il est juste de permettre au

sous-acquéreur d'agir directement; en nous fondant sur l'art. 1122 aux termes duquel on est censé avoir stipulé pour soi et pour ses ayants cause à moins que le contraire ne soit exprimé, ou ne résulte de la nature de la convention. Le premier acheteur doit être censé avoir stipulé de son vendeur la garantie pour le deuxième acheteur, son ayant cause et non pas seulement pour lui.

En outre, on pourrait dire avec Pothier (n° 149, Traité de la vente), que lorsqu'une personne vend une chose à une autre, elle est censée lui vendre et transporter tous les droits et actions qui tendent à faire avoir cette chose, et par conséquent l'action directe en garantie qu'elle a contre son vendeur.

L'action directe que nous donnons à l'acheteur repose sur une subrogation tacite : elle ne sera donc donnée que dans les limites où la subrogation est possible. Si le premier vendeur n'est tenu à aucune garantie, aucune action contre lui n'a pu être transmise. S'il a modifié son obligation par une clause spéciale, c'est le recours ainsi modifié qui passe au second acheteur. On voit donc combien est peu fondé le reproche, adressé à l'opinion que nous avons énoncée, de faire peser la garantie sur des vendeurs qui s'en étaient déchargés pour le tout ou pour partie. Il est, en effet, bien évident que nous ne pouvons supposer transmis ce qui n'existe pas.

## SECTION II

### CONTRE QUI SE DONNE L'ACTION EN GARANTIE?

L'action de garantie est donnée contre le vendeur et ses successeurs à titre universel.

Elle est donnée aussi contre la caution du vendeur. Mais l'acheteur n'est pas obligé de l'appeler en cause, pas plus qu'en droit romain, il n'était tenu de lui faire la dénonciation.

Le vendeur est obligé à garantie, sans qu'il y ait à distinguer entre les ventes ordinaires, et celles qui, à raison de circonstances spéciales, ne peuvent avoir lieu qu'en justice et aux enchères publiques; ces dernières ventes ne peuvent être assimilées aux ventes par expropriation forcée, car leur caractère de ventes volontaires n'est en aucune façon altéré par la nécessité des formalités judiciaires, qui n'ont d'autre but que de protéger particulièrement les propriétaires des biens vendus.

Devrons-nous appliquer les règles de la garantie dans les ventes sur expropriation forcée, aussi bien que dans les ventes volontaires? Si nous supposons une vente faite sur saisie immobilière, l'adjudicataire évincé par un tiers aura-t-il un recours en garantie? La raison de douter est que l'on n'aperçoit pas facilement qui joue ici le rôle de vendeur; en effet, nous sommes en présence d'une aliénation prononcée par la justice contre le gré du possesseur de l'immeuble, sur la poursuite d'un créancier.

Nous avons constaté qu'en droit romain, ce n'était qu'exceptionnellement et dans des cas particuliers que l'adjudicataire avait un recours contre le créancier, en cas d'éviction; le débiteur seul était exposé à l'action en garantie de l'adjudicataire, et encore cette action était-elle quelquefois réduite à une simple restitution de prix.

Dans notre ancien droit, les évictions devaient être fort rares, grâce au principe que le décret forcé purgeait tous les droits réels; néanmoins quand elles se produisaient notre ancienne jurisprudence se montrait encore plus libérale que le droit romain envers l'adjudicataire; elle lui accordait le droit de répéter le prix contre les créanciers qui en avaient profité. Le Code de procédure de 1807, la loi de 1841 furent muets sur cette question, aussi de vives controverses naquirent de ce silence.

En 1858, M. Duclos proposa de régler ce point. M. de Parieu répondit que la discussion dégénérerait en consultation, si des demandes d'explication étaient adressées au conseil d'État et à la commission sur tous les points qui donnent lieu à des difficultés dans la pratique.

Cette observation, fort étrange dans la bouche d'un législateur, fit écarter toute discussion, et l'un des points les plus essentiels de la matière se trouva n'être pas réglé par la loi.

Les controverses qu'on n'a pas voulu trancher subsistent donc.

Quelques auteurs ont soutenu que le créancier saisissant est tenu à garantie envers l'adjudicataire, parce qu'il est en quelque sorte vendeur, puisqu'il a poursuivi et fait prononcer l'adjudication.

Quant au saisi, dont le rôle a été passif, il est impossible de l'obliger à garantir une aliénation qui a eu lieu malgré lui.

Nous ne pouvons adopter cette opinion, le poursuivant n'est pas un vendeur, il a simplement usé du droit de faire mettre en vente les biens de son débiteur, et les a offerts au public tels quels, c'est-à-dire comme biens faisant partie du patrimoine apparent du débiteur; rien n'indique qu'il ait pris l'engagement de procurer à l'adjudicataire autre chose que les droits appartenant au débiteur saisi.

Dans une opinion, soutenue par MM. Delvincourt et Troplong on refuse à l'adjudicataire toute action en garantie soit contre le créancier saisissant, soit contre la partie saisie. Cette doctrine ne peut être admise. Le Code de procédure dans les art. 710, 733, 740; qualifie de vente, l'adjudication sur saisie, or dans toutes ventes il y a lieu à garantie; la loi ne distingue pas entre les ventes volontaires et les ventes forcées.

Ce silence de la loi est d'autant plus significatif, qu'elle a pris soin d'écarter par une disposition expresse, celles de ses règles, écrites au titre de la vente, qui ne sont pas applicables aux ventes faites par autorité de justice. Art. 1649 et 1684.

Pour nous, nous adoptons l'opinion qui décide : que la garantie a lieu dans les ventes sur expropriation forcée aussi bien que dans les ventes volontaires ; mais qu'elle ne peut être exercée que contre la partie saisie et non contre le créancier poursuivant.

Nous accorderons dans tous les cas une action en garantie, jusqu'à concurrence du prix payé par l'adjudicataire ; nous vous proposerons au point de vue des dommages-intérêts de ne point donner une solution absolue.

Le saisi doit toujours rendre le prix payé par l'adjudicataire, car, en admettant que le rôle passif qu'il a joué dans la vente ne puisse le rendre responsable de dommages-intérêts. Cependant, on ne peut aller jusqu'à lui permettre de s'enrichir aux dépens de l'adjudicataire, dont l'argent a servi à désintéresser les créanciers du saisi. L'équité veut que le minimum de l'obligation du saisi soit de rembourser le prix.

Nous allons plus loin, le saisi doit des dommages intérêts, il est tenu de l'obligation de garantie comme un vendeur ordinaire, à moins qu'il ne se soit opposé à la vente, en déclarant : les doutes qu'il pouvait avoir sur la valeur de ses titres de propriété, ou que la chose ne lui appartenait pas, ou bien encore qu'elle était grevée de quelque servitude occulte, lors de la communication qui lui a été faite du cahier des charges, aux termes de l'art 691 proc. civile.

Quand le saisi a fait cette déclaration, il nous paraît avoir dégagé sa responsabilité, et quand même la vente aurait lieu, il ne serait pas tenu à des dommages-intérêts.

Dans cette hypothèse, le saisissant se trouve de mauvaise foi en poursuivant la vente, nous décidons donc qu'il doit des dommages-intérêts en vertu de l'art. 1382.

La garantie, que nous avons accordée à l'adjudicataire, sera presque toujours illusoire par suite de l'insolvabilité du saisi : de sorte que, si nous décidons comme en droit romain, qu'il n'a pas de recours contre les créanciers désintéressés au moyen du prix qu'il a payé, la position d'un adjudicataire sur saisie sera des plus périlleuses.

Nous n'hésitons pas à décider que l'adjudicataire a une action en répétition du prix contre les créanciers, qui en ont été désintéressés, fondée sur l'art. 1377. Cet article accorde à une personue, qui a payé par erreur une somme qu'elle ne devait pas, le droit de la répéter; encore que cette somme fut due à la personne à laquelle elle a été payée. Or l'adjudicataire ne doit le prix des biens que si ces biens lui ont été transmis, il n'est débiteur du prix d'acquisition qu'autant qu'il y a eu réellement acquisition.

Lorsque l'adjudication est déclarée nulle et que l'adjudicataire se trouve ainsi n'avoir point acquis, il se trouve par là même n'avoir point été débiteur? la somme qu'il croyait devoir et ne devait pas n'a donc été payée que par erreur, il peut dès lors la répéter.

Bien entendu que si les créanciers se trouvaient dans l'hypothèse prévue par l'art. 1377 al. 2, qu'ils eussent supprimé leurs titres de créance, nous appliquerions la solution donnée au texte ; aucune restitution ne serait due par eux.

On peut, pour soutenir que l'adjudicataire n'a pas droit à la répétition du prix, essayer de repousser l'argument tiré de l'art. 1377 en disant : que le principe contenu dans cet article n'était pas inconnu des jurisconsultes Romains, qui se gardaient pourtant de l'appliquer au cas qui nous occupe ; et que dans le silence de la loi, c'est la théorie romaine tout entière qu'il faut consacrer.

D'ailleurs, pourrait-on ajouter, l'art. 1377 n'est pas applicable ici.

Lorsque l'on analyse le paiement effectué par l'adjudicataire, on y trouve d'abord l'acquittement par l'adjudicataire d'un prix de vente entre les mains du saisi ; puis le paiement fait par le saisi au moyen des deniers reçus, de ses dettes, entre les mains de ses créanciers ; le premier terme de cette double opération donne lieu, en cas d'éviction, à la répétition du prix ; mais la seconde opération doit être absolument maintenue, car la dette existait, et celui qui a reçu était créancier; celui qui a payé était débiteur.

Cette analyse nous paraît plus subtile qu'exacte. Par l'adjudication, l'acquéreur se trouve obligé de payer son prix entre les mains des créanciers; il est bien vrai que c'est la dette du débiteur qu'il acquitte; mais c'est aussi la sienne telle qu'elle résulte du contrat judiciaire qui s'est formé. S'il est démontré par la suite, que l'adjudicataire s'est cru à tort débiteur, si son obligation n'avait pas de cause, il doit être recevable à invoquer l'art. 1377.

Non-seulement notre solution nous paraît équitable pour l'adjudicataire, mais encore elle nous semble favorable aux créanciers. Nous avons montré, en effet, que le recours en garantie contre le saisi sera dans la plupart des cas illusoire : si nous n'accordons à l'adjudicataire que cette action, les biens vendus sur saisie seront soumis à une dépréciation considérable, résultant de ce qu'en réalité la vente aurait lieu aux risques et périls de l'acheteur.

Il est de l'intérêt général, de l'intérêt des créanciers, de l'intérêt du saisi, que le bien atteigne sa valeur; ce qui ne peut avoir lieu si l'adjudicataire tient compte des chances d'éviction qui peuvent rester à sa charge.

## SECTION III

### A QUI ET CONTRE QUI EST ACCORDÉE L'EXCEPTION DE GARANTIE

Le principe général, c'est que l'exception de garantie appartient à tous ceux qui pourraient intenter l'action : « cui damus actiones, eidem et » exceptionem competere multo magis quis dixe-» rit. » (Loi 156 p. 1er *de Regulis juris* D. 50. 17,)

En vertn du principe, qui doit garantie ne peut évincer, l'exception de garantir sera opposée au vendeur et à ses héritiers. Ainsi si celui qui m'a vendu une chose qui ne lui appartenait pas, en est devenu propriétaire depuis par droit de succession ou autrement il ne peut invoquer sa nouvelle qualité pour m'évincer. S'il était décédé, ses héritiers ne le pourraient pas non plus : ils ne le pourraient pas bien qu'ils fussent eux-mêmes propriétaires de la chose au moment de la vente, ou qu'ils le fussent devenus postérieurement. Les héritiers du vendeur, succédent à son obligation de garantie comme à tous ses autres droits et obligations.

Nous avons supposé jusqu'à présent des héritiers purs et simples du vendeur; mais que décider si c'est un héritier bénéficiaire, propriétaire de la chose qui la revendique; l'exception de garantie lui est-elle opposable?

Le bénéfice d'inventaire empêche la confusion entre le patrimoine de l'héritier, et le patrimoine du *de cujus*. Il en résulte que l'action en revendication de l'héritier ne peut-être paralysé par l'obligation de garantie qui est une dette de la succession. L'acheteur peut seulement obtenir contre lui, en sa qualité d'héritier benéficiaire, une condamnation à des dommages et intérêts qu'il exécutera sur les biens de la succession; car un héritier bénéficiaire n'est point tenu des dettes et obligations du défunt sur ses propres biens, mais seulement sur ceux de la succession bénéficiaire. (Pothier traité de la vente n° 175).

Dans notre ancienne jurisprudence, l'exception de garantie était opposable aux légataires et donataires universels, ou à titre universel, contre les actions qu'il intentaient de leur chef. Mais comme ils n'étaient tenus personnellement des obligations du *de cujus* que, *propter bona*, jusqu'à concurrence de leur émolument, ils pouvaient s'en affranchir en faisant abandon des biens.

Ils n'ont pas le même droit que l'héritier bénéficiaire nous dit Pothier dans son traité de la vente n° 176, ils ne peuvent faire cesser cette exception qu'en abandonnant : car les donataires et légataires universels n'ont pas le droit qui appartient à l'héritier bénéficiaire de n'être pas tenu des dettes de la succession sur ses propres biens; ils n'ont que celui de pouvoir s'en décharger en abandonnant le bien compris au don ou legs universel, parce qu'ils n'en sont tenus que jusqu'à cette concurrence.

Faut-il, sous l'empire du Code, donner une solution pareille?

La réponse à cette question dépend de celle de savoir si ces légataires et donataires doivent être considérés comme les représentants du défunt, les continuateurs de sa personne,ou bien, au contraire, comme de simples successeurs aux biens. Nous indiquons seulement ce point, puisque la discussion qu'il exigerait, nous entraînerait dans des matières étrangères à notre sujet.

L'ordonnance sur les substitutions de 1747 avait permis (titre 2. art. 31) au substitué de répéter contre un tiers les biens compris en la substitution, même s'il se trouvait être l'héritier du grevé qui les avait vendus à ce tiers.

C'était là une exception aux principes généraux que ceux qui succèdent à la personne sont tenus de toutes les obligations du défunt. L'ordonnance, dont le but principal avait été d'assurer l'effet des substitutions et de faire passer les biens compris dans les substitutions à ceux qui y étaient appelés avait voulu par cette disposition que les grevés de substitution ne pussent en vendant s'obliger à la garantie de la substitution ; de peur que cette obligation de garantie qu'ils contracteraient et qui passerait à leurs héritiers, qui se trouvaient être souvent les mêmes personnes qui étaient appelés à la substitution, ne pût à cet égard former quelque obstacle à l'exécution de la substitution. (Pothier, vente nº 170.)

Le Code n'a pas reproduit cette exception, nous ne pouvons pas l'admettre.

L'exception de garantie peut être opposée aux cautions du vendeur contre les actions qu'elles auraient le droit d'intenter de leur chef contre l'acheteur pour lui faire délaisser la chose vendue.

La caution ne pourrait pas, afin d'échapper à la garantie, invoquer le bénéfice de discussion (art 2021 et 2022), car elle s'est engagée à maintenir l'acheteur en tranquille possession, « or quem de evic» tione tenet actio eumdem agentem repellit » exceptio ». L'obligation de réparer le préjudice causé par l'éviction n'est qu'une obligation subsidiaire, et la caution ne peut pas malgré l'acheteur, manquer à sa première obligation.

L'exception est également opposable aux héritiers de la caution.

Il y a la même raison de décider que pour les héritiers du vendeur. Cette solution est, d'ailleurs, conforme au principe que les héritiers sont tenus des mêmes obligations que leurs auteurs, et puisque nous n'avons pas de texte, il n'y a qu'à faire une application des principes. Il en était autrement, en

Droit Romain, où nous trouvions un texte contenant une disposition aussi formelle que celle de la loi 31 au Code *de evictionibus* 8. 45, devant laquelle nous devions nous incliner.

Un tuteur a vendu comme sien un immeuble de son pupille. Il meurt laissant le mineur, devenu alors majeur, pour héritier, celui-ci revendique l'immeuble. L'acheteur pourra le repousser par l'exception de garantie. Cette décision, dit Pothier, ne prive pas le mineur de la protection que la loi lui accorde ; ce n'est pas la validité de l'aliénation qu'on lui oppose, mais l'obligation de garantie dont il est tenu du chef de son tuteur auquel il a succédé.

Nous avons supposé que le mineur était devenu majeur, sans cela on n'eût pu accepter pour lui que sous bénéfice d'inventaire, ce qui eût empêché la confusion des patrimoines et lui eût permis la revendication, comme à tout autre héritier bénéficiaire.

Un tuteur a vendu l'immeuble du mineur, non pas comme sien, mais au nom du mineur, toutefois sans l'observation des formalités prescrites, et sans se porter personnellement garant. Il meurt, laissant celui qui fut sous sa tutelle pour héritier. Il faut encore pour poser la question de savoir si la revendication est possible ou non ; supposer que le mineur avait atteint sa majorité au moment de l'ouverture de la succession et qu'il a accepté purement et simplement.

Nous ne pensons pas que l'acheteur puisse opposer l'exception de garantie, car le tuteur n'était pas garant de la validité de la vente, il est victime de son imprudence.

Lorsque l'immeuble propre d'une femme commune a été aliéné par le mari pendant la communauté sans le consentement de sa femme, celle-ci, si elle est renonçante, peut le revandiquer à la dissolution de la communauté. Par sa renonciation, elle est entièrement dégagée des obligations contractées par son mari.

Si la femme accepte la communauté, elle est tenue pour moitié des obligations de son mari, donc elle sera tenue pour moitié de l'obligation de garantie ; il s'en suit qu'elle ne pourra revendiquer l'immeuble que pour une moitié, car pour l'autre moitié, elle serait repoussée par l'exception de garantie. Que si on supposait cette exception de garantie indivisible, il faudrait décider que la revendication lui est interdite.

Si la femme a fait confectionner un bon et fidèle inventaire selon l'art. 1483, elle pourra, si elle le préfère, revendiquer son immeuble en totalité, sauf à abandonner la totalité de son émolument dans la communauté; car, la femme cesse, par l'abandon de son émolument, d'être obligée par les dettes de la communauté.

Nous avons admis que la femme acceptante était tenue de l'obligation de garantie, que le mari avait contractée par l'aliénation de son propre ; c'était l'avis de Pothier dans son traité de la vente n° 180; mais cet auteur a changé d'opinion dans son traité de la communauté n° 253. Voici les raisons qu'il invoque pour justifier sa seconde décision : « C'est la loi qui donne au mari la puissance qu'il a sur la personne et sur les biens de sa femme, et qui lui donne le droit de contracter tant pour elle que pour lui, et de la vendre en sa qualité de commune, participante de toutes les obligations qu'il contracte, sans avoir besoin pour cela de son consentement; mais la loi n'accorde au mari ce droit de puissance sur la personne et les biens de sa femme, qu'à la charge expresse qu'il ne pourra vendre les héritages propres de sa femme sans le consentement de sa femme....... C'est pourquoi, lorsque le mari vend pendant la communauté l'héritage propre de sa femme sans son consentement, il ne peut être censé avoir fait ce contrat tant pour lui que pour sa femme, en sa qualité de commune, ni par conséquent avoir contracté, tant pour lui que pour sa femme, comme commune, l'obligation de garantie envers l'acheteur que ce contrat renferme ». Le mari est seul tenu à garantie, la communauté qui a reçu le prix ne doit pas s'enrichir, elle est tenue jusqu'à concurrence du prix. La femme qui prend la moitié de la communauté est tenue de restituer la moitié du prix, et moyennant cette restitution, elle peut revendiquer l'immeuble en totalité.

Nous ne pouvons admettre cette solution; car le le principe est, que sa qualité de commune la fait participer à toutes les obligations contractées par son mari durant la communauté.

Une autre opinion, soutenue par Lebrun, décide que la femme, quoiqu'elle ait accepté la communauté, peut évincer pour le total, l'acheteur de son immeuble propre. Mais à la différence de la seconde solution de Pothier, qui n'oblige la femme à ne restituer que le prix, celle-ci l'oblige à restituer le prix et des dommages-intérêts.

Cela implique une contradiction, car la femme ne peut-être tenue de dommages-intréêts que par suite de l'obligation de garantie. Or, si on reconnaît qu'elle est obligée à garantie, on ne peut lui accorder le droit d'évincer l'acheteur en totalité.

Néanmoins, cette doctrine a été reprise par MM. Toullier, Duranton, Aubry et Rau. Ces derniers auteurs s'expriment ainsi : On ne saurait, en pareil cas, opposer à la femme la maxime « quem » de evictione tenet actio, eumdem agentem repellit » exceptio ». En effet, la loi défendant au mari de vendre les propres de sa femme sans le consentement de celle-ci, il faut en conclure que le mari ne peut, même indirectement, la dépouiller de ses droits de propriété. Ainsi, l'obligation de garantie qu'il contracte par une vente de cette nature, ne doit élever aucune fin de non-recevoir contre l'action en revendication de la femme. Mais, comme toutes les dettes contractées par le mari pèsent sur la communauté, à l'exception seulement de celles qu'une disposition spéciale de la loi ne permet de poursuivre que sur les biens propres du mari, et qu'il n'existe aucune disposition de cette nature qui affranchisse la communauté du paiement des dommages-intérêts auxquels peut avoir droit l'acquéreur d'un immeuble propre de la femme vendu par le mari seul, la femme ou ses héritiers sont tenus de ces dommages-intérêts, comme de toute autre dette de la communauté.

# CHAPITRE III

## DES EFFETS DE LA GARANTIE

Avant de nous occuper des effets de l'action en garantie, disons quelques mots sur la procédure de cette action.

En Droit Romain l'acheteur attaqué se bornait à dénoncer la demande au vendeur; celui-ci était averti de faire connaître ses moyens de défense, et d'intervenir dans l'instance, si cela lui convenait; mais tant que l'éviction n'avait pas été judiciairement prononcée, il ne pouvait être actionné en garantie.

Dans notre ancien droit Pothier nous indique au nº 108 de la vente que l'acheteur, en même temps qu'il dénonce au vendeur l'action en revendication, ou autre, par laquelle il est troublé en sa possession, et qu'il le somme de prendre son fait et cause sur cette action, et d'y défendre pour lui, peut aussi former en même temps son action en garantie contre son vendeur, devant le juge par-devant qui est pendante la demande originaire et conclure contre le vendeur, à ce que, faute par lui de vouloir le défendre, et dans le cas auquel le demandeur originaire obtiendrait à ses fins, le dit vendeur soit en même temps et par la même sentence, condamné à l'indemniser.

Aujourd'hui l'action en garantie s'exerce également soit au moyen d'une demande principale, soit au moyen d'une demande incidente.

L'acheteur a le choix entre les deux parties, lorsqu'il est assigné par un tiers qui se prétend propriétaire ou créancier hypothécaire. Si l'acheteur préfère plaider seul, dans le cas où il a succombé, il ne peut recourir que par une demande principale. Le moyen est périlleux parce que l'acheteur peut se voir opposer une fin de non recevoir tirée de sa négligence ou de son imprudence. Bien qu'il y ait chose jugée, si le vendeur prouve qu'il avait des moyens pour écarter la prétention du tiers qui a triomphé, il sera renvoyé de la demande.

De plus l'acheteur ne peut pas toujours répéter les frais de l'instance originaire, sauf ceux de la sommation de délaisser et de l'exploit introductif d'instance.

Ainsi il ne pourra répéter les frais d'un procès ridicule que le vendeur aurait évité en acquiesçant à la prétention du demandeur.

Le second parti que peut prendre l'acheteur, c'est-à-dire de mettre son vendeur en cause est bien préférable ; car il est sûr, en cas d'éviction, d'avoir son recours ; il n'a pas à craindre deux décisions contradictoires, en supposant même que le vendeur n'eut pas d'autres moyens à présenter que ceux qu'il a faits lui-même valoir en plaidant seul.

L'acheteur peut même réclamer sa mise hors de cause en vertu de l'art. 182 proc. civ., et si le demandeur ne s'y est pas opposé (182 proc. al. 2.), il sera à l'abri des dépens, qui retombent à sa charge, en cas d'insolvabilité du garant (185 proc.).

Etudions maintenant les effets de la garantie.

La théorie du Code repose sur deux idées principales :

1° Après l'éviction, le vendeur ne peut garder le prix parce qu'il le garderait sans cause. Car, ainsi que le disait M. Garnier, il est impossible qu'en ne vendant rien on touche un prix.

2° Le vendeur est en faute alors même qu'il ne savait pas que le bien ne lui appartenait pas, il est donc tenu de dommages-intérêts vis-à-vis de l'acheteur (art. 1147 où il est dit que le débiteur est condamné, s'il y a lieu, au paiement de dommages-intérêts, en cas d'inexécution de l'obligation.

C'est, nous l'avons dit, la théorie de Dumoulin et de Pothier que le Code a adoptée.

Bien qu'en Droit Romain nous ayons combattu cette solution, contraire, suivant nous, à une saine interprétation des textes du Digeste, et aux principes de la vente Romaine ; néanmoins nous approuvons la théorie du Code civil.

En effet, en Droit français, la vente de la chose d'autrui étant nulle, l'acheteur a le droit de de mander d'être remis dans la situation où il était avant la vente. Avant toute chose, il faut lui restituer le prix.

Si, en Droit Romain, la vente de la chose d'autrui était valable, c'est que la vente était un acte productif d'obligations, si elle est nulle dans notre droit, c'est qu'elle est un acte d'aliénation.

On nous objecte que la restitution du prix dans tous les cas est injuste, l'acheteur ne court aucun risque, il ne peut que gagner, si la chose a augmenté de valeur, c'est donc contraire à cette règle : « quem » sequuntur commoda eumdem sequi debent in- » commoda. »

Nous ne nions pas que l'acheteur ait accepté les chances de perte, mais ce que nous prétendons, c'est qu'il ne les a acceptées qu'à la condition de garder la chose, sinon toutes ses prévisions étant détruites, il doit pouvoir reprendre sa liberté.

Mais, dit-on, il n'y a pas d'harmonie entre les règles du Code sur la garantie en matière de partage et en matière de vente.

Aux termes de l'art. 885, chacun des cohéritiers doit indemniser son cohéritier de la perte que lui a causé l'éviction. Pour être conséquent, les rédacteurs du Code auraient dû décider que l'indemnité serait réglée d'après la valeur qu'aurait au moment du partage le bien qui a subi l'éviction. Nous répondrons que s'ils avaient suivi leur théorie, il aurait fallu à chaque éviction recommencer le partage, autrement, l'égalité qui doit exister entre cohéritiers eût été blessée pour ou contre l'héritier évincé.

En effet, tandis qu'il serait resté étranger aux bonnes et aux mauvaises chances auxquelles tous les biens de la succession avaient été soumis ; chacun de ses cohéritiers aurait gagné pour lui seul les améliorations survenues dans les biens composant son lot, ou supporté à lui seul le préjudice résultant de la perte ou de la détérioration de ces mêmes biens. Pour éviter ce résultat, il eût fallu recommencer le partage ; mais la rescission du partage aurait souvent pour effet d'anéantir des droits légitimement acquis par des tiers de bonne foi, de sorte que dans l'intérêt des tiers et de la circulation des biens et du crédit public, il vaut mieux le maintenir. De plus, cette nécessité de recommencer les partages eut entraîné des frais énormes évités par la solution du Code. Cette solution se trouve donc suffisamment motivée par les raisons que nous venons d'énoncer.

Restitution du prix, art. 1630.

1° L'acquéreur a droit de demander, en cas d'éviction, contre le vendeur la restitution du prix des pots-de-vin ou épingles qui forment les accessoires du prix. Le vendeur doit la totalité du prix, quand même la chose vendue aurait été depuis le contrat de vente considérablement détériorée, soit par la négligence de l'acheteur, soit par des accidents de force majeure, de manière qu'elle se trouverait lors de l'éviction d'une valeur beaucoup inférieure au prix pour lequel elle a été vendue.

La négligence de l'acheteur ne le constitue pas

en faute à l'égard du vendeur. L'acheteur a pu, en effet, légitimement négliger la chose dont il se croyait propriétaire qui, « quasi suam, rem neglexit nulli querelæ subjectus est, l. 31, p. 3 de hereditatis petitione. » En cas de perte partielle, le prix doit être néanmoins restitué. Il faut traiter la perte partielle comme une diminution de valeur ou une détérioration qui tombe sous l'art. 1631.

Cette solution n'est pas admise par tous les auteurs; parmi eux, il en est qui décident qu'en cas de perte partielle, il n'y a plus lieu à éviction totale, puisqu'on ne peut être évincé de ce qui n'existe plus, que ce n'est qu'une éviction partielle régie par les articles 1636 et 1637.

Toutefois, si l'acheteur a tiré profit des dégradations qu'il a faites, le vendeur a le droit de retenir sur le prix une somme égale à ce profit.

Le vendeur pourrait encore déduire de sa restitution soit les sommes que, dans l'intervalle de la vente à l'éviction, il aurait déjà rendues pour déficit dans la contenance indiquée ou pour toute autre cause, soit l'indemnité que l'acheteur aurait reçue du propriétaire qui l'évince à raison de l'améliorations faites par le vendeur sur le bien.

Dans ces différents cas, l'acheteur est déjà remboursé d'une partie de son prix, et ce qu'il reçoit sous défalcation de ces sommes, forme avec elles le prix entier.

Il est admis que l'acheteur évincé peut, lorsqu'il y a plusieurs ventes successives, exercer son recours *omisso medio*, contre celui des vendeurs qu'il lui plait de choisir. Supposons que le prix payé par lui soit supérieur à celui reçu par le vendeur poursuivi, pourra-t-il exiger la restitution du prix? Non, parce que c'est en vertu d'une espèce de subrogation tacite qu'il peut agir; or, son vendeur ne pouvait lui avoir cédé son action en répétition du prix payé par lui-même, que jusqu'à concurrence de ce prix. Par le second chef de recours, l'acheteur, s'il peut l'exercer, c'est-à-dire, s'il a été de bonne foi lors de la vente; et si le prix supérieur qu'il a payé était en rapport de l'augmentation de valeur de la chose, sera complétement rendu indemne par le vendeur qu'il a poursuivi. Il nous semble donc que la Cour de Cassation (12 décembre 1826), décide à tort que, dans l'hypothèse précédente, le prix le plus élevé est dû, abstraction faite des dommages et intérêts. On ne peut invoquer en ce sens l'autorité de Pothier. Car le jurisconsulte pour admettre cet effet de la demande contre le vendeur originaire, établit que le circuit d'actions doit aboutir au même résultat. Il raisonne dans un cas où le vendeur est tenu de dommages-intérêts (vente n° 147). La doctrine de l'arrêt suppose transmis à l'acheteur un droit qui n'existait pas.

Si, à l'inverse, le prix reçu par le vendeur originaire Primus, est supérieur à celui qu'a payé le dernier acheteur, quel prix devra être restitué? Il faut répondre sans hésitation, que ce n'est que le prix payé par l'acheteur qui agit en garantie, alors même qu'il agirait en vertu d'une subrogation expresse aux droits de son auteur qui aurait acheté à un prix plus élevé.

Car le but de cette subrogation est d'assurer seulement le recours de l'acheteur, surtout en cas d'insolvabilité de son vendeur, mais il n'a pas été dans l'intention des parties qu'elle pût être l'occasion d'un lucre de la part de l'acheteur qu'elle n'était destinée qu'à protéger.

Il faut comprendre que la subrogation expresse n'est consentie que dans le même esprit d'équité qui fait admettre la subrogation tacite lorsqu'il n'y a pas eu de clause de subrogation : les parties, l'une en accordant, l'autre en demandant la subrogation n'ont point pensé à un bénéfice possible mais à donner une sureté à l'acheteur. Ainsi donc, à moins d'une clause expresse, il n'est pas permis de supposer que le vendeur ait cédé le droit de réclamer un prix non payé : cette clause exorbitante du droit commun ne saurait être sous-entendue comme volonté probable des parties.

Si le prix avait été payé entre les mains d'un cessionnaire du vendeur, l'acheteur évincé pourrait en demander la restitution au cessionnaire par application de l'art. 1377.

2° Restitution des fruits.

Le vendeur doit à l'acheteur la restitution des fruits, lorsque l'acheteur a été obligé de les rendre au propriétaire qui l'a évincé. Supposer que l'acheteur a été obligé de rendre les fruits au propriétaire, c'est évidemment le supposer possesseur de mauvaise foi, puisque ceux qui possèdent de bonne foi gagnent les fruits par la perception. Or, art. 1599, l'acheteur de mauvaise foi n'a pas droit à des dommages et intérêts, et l'obligation de restituer les fruits est une conséquence de l'obligation aux dommages et intérêts. Il n'y a là toutefois qu'une contradiction apparente : pour connaitre les droits que la vente fait naître au profit de l'acheteur, on se place uniquement au moment où le contrat s'est formé : y a-t-il bonne foi en ce moment, l'inexécution du contrat soumet le vendeur à des dommages et intérêts, lors même que l'acheteur découvrirait plus tard le vice de son titre. Au contraire, pour faire les fruits siens; le possesseur doit être de bonne foi, au moment de la perception. Si donc, depuis la vente, l'acheteur a su qu'il n'était pas propriétaire, il cesse dès ce moment de faire les fruits siens : obligé par conséquent de les restituer au propriétaire, il s'en fera tenir compte par le vendeur.

3° Restitution des frais faits sur la demande en garantie de l'acheteur, et ceux faits par le demandeur originaire.

La loi suppose deux procès : 1° la demande originaire, c'est-à-dire l'action intentée contre l'acheteur par un tiers qui se prétend propriétaire ou créancier hypothécaire; 2° la demande en garantie formée par l'acheteur contre son vendeur, qu'il appelle en cause, afin qu'il le défende contre la prétention du demandeur.

Nous devons restreindre, par l'application de l'art. 2028, ce qu'il y a de trop absolu dans la formule du texte. Nous ne prétendons pas que l'acheteur doive dénoncer aux vendeur les poursuites dont il est l'objet, comme une condition, sans l'accomplissement de laquelle, il ne puisse avoir de recours; mais nous pensons que, s'il n'a pas fait cette dénonciation, le vendeur peut être admis à prouver qu'il n'eut pas soutenu le procès, à cause de l'évidence incontestable du droit du revendiquant.

4° Frais du contrat.

Le vendeur doit rembourser à l'acheteur tous les frais d'actes, et autres frais accessoires, tels que le droit de mutation, de transcription, de purge, etc.

5° Dommages et intérêts.

La garantie oblige le vendeur à rendre l'acheteur complétement indemne. Or, il peut arriver que les diverses restitutions que nous avons passées en revue ne parviennent pas à ce résultat. Ce qui excéde pour arriver au niveau préjudice éprouvé est spécialement appelé par le code dommages et intérêts (1630, 4°) ce nom doit s'appliquer néanmoins à tout ce qui n'est pas la restitution du prix, il en résulte que l'acheteur de bonne foi peut seul réclamer au vendeur les diverses restitutions indiquées. Le vendeur de mauvaise foi (art. 1599) n'a droit qu'à la répétition du prix.

L'indemnité est due à raison des pertes éprouvées par l'acheteur, et du gain dont il est privé : *damnum emergens et lucrum cessans*. Si au moment de l'éviction, dit l'art. 1633, la chose vendue se trouve avoir augmenté de prix, indépendamment même du fait de l'acquéreur, le vendeur est tenu de lui payer ce qu'elle vaut au-dessus des prix de la vente.

Rien n'est plus juste, car l'acheteur doit recevoir en argent la représentation exacte de ce que lui fait perdre l'éviction.

Il peut arriver que la plus-value accidentelle soit énorme, et de beaucoup supérieure aux prévisions des parties. D'après le droit commun le débiteur de bonne foi ne doit que les dommages-intérêts sur lesquels la pensée des parties a pu raisonnablement se porter en prévision de l'éviction (art. 1150). Faudra-t-il restreindre, par l'application de cet article, la portée de l'art. 1633 ?

Dans une première opinion, on soutient que le vendeur de bonne foi n'est tenu de la plus-value que dans une limite ordinaire, celle que les parties ont pu raisonnablement prévoir au moment du contrat.

L'article 1150 pose un principe général, et on doit l'appliquer toutes les fois qu'il n'y est pas dérogé; or, aucune exception n'est faite à ce principe au sujet de la garantie.

On invoque l'équité : il n'est pas juste, dit-on, que le vendeur qui est de bonne foi puisse se trouver ruiné par suite d'un cas fortuit impossible à prévoir, ou du moins bien difficile. On prive seulement l'acheteur d'un gain sur lequel il ne pouvait compter, et on évite ainsi de dépouiller le vendeur.

On ajoute que cette limitation des dommages-intérêts était admise en droit romain, dans notre ancien droit. Pothier, au n° 133 de la vente, dit : que le vendeur ne doit être condamné qu'à payer la somme la plus haute à laquelle les parties, lors du contrat, ont pu s'attendre que les dommages et intérêts pourraient monter. Dumoulin soutient la même doctrine dans son traité de « eo quod interest n° 57 et seq. »

En résumé, l'article 1633, aux termes duquel le vendeur doit compte de la plus-value à l'acheteur et qui ne fait pas de restriction, n'a prévu que ce qui arrive généralement, c'est-à-dire le cas d'une plus-value ordinaire. Or, pour les questions qui n'ont pas été résolues au titre de la vente, l'article 1639 renvoie au titre des contrats ou des obligations conventionnelles, en général; donc, on est foncé d'appliquer l'art. 1150 à l'hypothèse qui nous occupe.

Dans la deuxième opinion, on accorde à l'acheteur le droit de réclamer la plus-value entière, parce que l'article 1633 ne distingue pas, et que sa décision est absolue. Il n'est pas exact de s'appuyer sur l'article 1639 pour admettre l'application de l'article 1150, car le législateur a donné dans l'article 1633 une décision complète et formelle sur la question.

Il n'a pas fait, il est vrai, la distinction entre le vendeur de bonne et mauvaise foi, que nos adversaires voudraient établir; mais on ne peut prétendre que c'est par oubli, puisque dans l'art. 1635 il a donné une décision qui concerne le vendeur de mauvaise foi. Nous restons donc en présence de la disposition si nette de l'art. 1633, dont il n'y a qu'à faire l'application.

Le vendeur de bonne foi lui-même a toujours à se reprocher de ne point s'être assuré suffisamment de la valeur des droits qu'il voulait céder, n'est-il pas juste qu'il soit plutôt victime de son imprudence, que de priver l'acheteur d'un bénéfice acquis.

Nous admettons, toutefois, que notre solution peut dans bien des cas se trouver fort rigoureuse, et nous verrions avec plaisir poser une limitation aux dommages et intérêts. Mais notre rôle ne se bornant qu'à interpréter la loi, nous devons parsister dans la décision que nous venons de donner.

Il est possible que l'accroissement de valeur résulte de travaux faits sur le fonds par l'acquéreur. Ou le vendeur était de bonne foi en vendant le fonds d'autrui où il était de mauvaise foi : les art. 1634 et 1635 statuent pour chacune de ces deux hypothèses. L'art. 1634 dit : que le vendeur de bonne foi est tenu de rembourser à l'acquéreur toutes les réparations et améliorations utiles qu'il aura faites au fonds.

Ce ne sont pas les dépenses qu'il a faites que l'acheteur pourra réclamer, mais la plus value qui en est résultée. En effet, le vendeur n'est tenu par l'action en garantie qu'à réparer le dommage qu'il éprouve : la valeur dont le prive l'éviction est l'estimation exacte de ce dommage. Ainsi la plus value existant au moment de l'éviction déterminera le montant de la prestation.

Si nous supposons que la plus-value est supérieure aux dépenses, nous voyons que l'estimation de la plus value est bien la réparation exacte du préjudice causé : La plus value est-elle inférieure aux dépenses ? De quel dommage l'acheteur, auquel on n'accorde que l'estimation de la plus value, pourrait-il se plaindre ?

Il ne peut pas dire que l'excédant des dépenses sur la valeur lui ait été enlevé : cette perte était antérieure à l'éviction. — Quand le vendeur est de mauvaise foi, l'art. 1635 l'oblige à rembourser à l'acquéreur toutes les dépenses même voluptuaires ou d'agrément que celui-ci aura faites au fonds.

Le vendeur de mauvaise foi, qui connaissait, lors de la vente, le danger de l'éviction, doit, au choix de l'acheteur, soit le montant de la mieux value de la chose, soit la restitution de toutes les sommes déboursées par ce dernier. L'art. 1635 n'accorde pas ce droit d'option à l'acquéreur, il lui donne seulement le droit de répéter ses dépenses. Mais il est évident que la disposition du texte est conçue dans un but essentiellement favorable à l'acheteur, et que s'il n'a pas fait la distinction proposée, c'est que le législateur a surtout été préoccupé des dépenses voluptuaires, dont il accordait la répétition, et qui ne pouvaient donner une plus value supérieure aux dépenses.

Nous avons vu qu'elle est relativement aux dépenses l'obligation de garantie du vendeur soit qu'il soit de bonne, soit qu'il soit de mauvaise foi ; mais nous savons que le propriétaire qui évince un possesseur est tenu à certaines indemnités ; c'est à quoi l'art. 1634 fait allusion en disant : que le vendeur est tenu de rembourser ou de faire rembourser etc.

Examinons donc quelles sont les dépenses que le vendeur peut faire rembourser par le propriétaire qui évince l'acquéreur. D'abord les dépenses nécessaires, celles qui ont conservé la chose, celles à défaut desquelles la chose n'existerait plus. Ces dépenses doivent être remboursées dans leur intégralité par le propriétaire, que l'acheteur soit de bonne ou de mauvaise foi, car personne ne doit s'enrichir aux dépens d'autrui. Pour les dépenses voluptuaires ou d'agrément, le propriétaire n'en est jamais tenu, car il n'en tire aucun profit.

Quant aux dépenses utiles, celles qui ont amélioré la chose, il faut distinguer si le possesseur est de bonne ou de mauvaise foi : art. 555. S'il est de bonne foi, le propriétaire peut à son choix lui rembourser la plus value si elle est inférieure aux dépenses, ou les dépenses si la plus value leur est supérieure. Lorsque le propriétaire rembourse la plus-value, l'obligation du vendeur se trouve accomplie ; mais lorsqu'il rembourse les dépenses, le vendeur doit tenir compte à l'acquéreur de l'écart qui existe entre les dépenses et la plus-value.

Si l'acheteur est de mauvaise foi, le propriétaire peut demander la suppression des plantations et constructions, et elle est exécutée aux frais de celui qui les a faites, sans aucune indemnité pour lui ; il peut même être condamné à des dommages intérêts pour le préjudice que peut avoir éprouvé le propriétaire du fonds.

Si le propriétaire préfère conserver ces plantations et constructions, il doit le remboursement de la valeur des matériaux et du prix de la main d'œuvre, sans égard à la plus ou moins grande augmentation de valeur que le fonds a pu recevoir.

Le vendeur doit indemniser l'acheteur des frais, pertes, dommages et intérêts qu'il subit dans le cas où celui-ci est obligé d'enlever les plantations ou constructions.

Si le propriétaire paie les dépenses et que la plus-value leur soit supérieure, le vendeur doit la différence.

Mais dira-t-on l'acheteur de mauvaise foi, n'a pas droit à des dommages-intérêts art. 1599 ! Il faut répondre que la bonne ou mauvaise foi de l'acquéreur consiste dans son ignorance ou sa connaissance, lörs de la vente, du danger de l'éviction. Peu importe, qu'il ait appris plus tard que la chose n'appartenait pas au vendeur, il a pu croire, en effet, espérer du moins, que celui-ci traiterait avec le propriétaire.

Quant aux rapports entre le propriétaire et le possesseur, il faut examiner, si l'acquéreur connaissait ou non que la chose ne lui appartenait pas au moment où il a fait les dépenses.

Ainsi, il arrivera souvent que pour une partie des dépenses le possesseur aura été de bonne foi, tandis qu'il aura été de mauvaise foi pour l'autre partie.

---

# ÉVICTION PARTIELLE

L'acheteur peut être évincé soit d'une portion indivise par exemple, du tiers du quart de la chose vendue; soit d'une partie matériellement déterminée, *certi loci*, par exemple, de tel champ compris dans le domaine qui a fait l'objet de la vente. Au premier cas, il y a éviction *pro indiviso*, au second, éviction *prodiviso*.

Remarquons qu'il n'est pas nécessaire. pour que l'acheteur puisse se plaindre de l'éviction partielle, que la portion, dont il est évincé, soit au moins égale à 1/20 du bien vendu.

L'article 1619 décide, il est vrai, que, si la vente a eu lieu avec déclaration de la contenance, l'acheteur ne peut réclamer une diminution du prix pour moindre mesure, qu'autant que la différence de la mesure réelle à celle exprimée au contrat est d'un vingtième. Mais il n'y a pas lieu d'assimiler le cas d'éviction partielle au cas de déficit dans la contenance. La Cour de cassation (14 janvier 1851) a rejeté ce système, car les textes qui sont relatifs à l'éviction partielle ne nous disent en aucune façon que l'éviction doit se porter sur un vingtième au moins de la chose vendue. De plus, il n'y a pas d'analogie avec le cas prévu par l'art. 1619, la situation de l'acheteur dans l'un et l'autre cas n'est pas identique. Lorsqu'il n'a pas la contenance qui lui a été déclarée dans le contrat, il doit s'imputer de n'avoir pas mesuré le bien vendu, il pouvait facilement se rendre un compte exact de la contenance du fonds. Dans cette hypothèse, il est en faute, rien de plus juste qu'il en subisse les conséquences, à moins toutefois que le déficit ne soit trop considérable. En outre, lorsque la chose n'a pas été vendue à tant la mesure, il est vraisemblable que ce n'est pas sur la mesure, souvent indiquée par le vendeur approximativement, que s'est portée l'attention de l'acheteur, mais sur le bien que le vendeur lui désignait, lui montrait, et qui était l'objet de la vente.

C'est au moins ce que la loi suppose, parce que c'est le cas le plus fréquent. Si l'acheteur au contraire n'avait eu que la contenance en vue, il est en faute de ne pas s'en être assuré, ou de n'avoir pas acheté à raison de tant la mesure.

Mais l'acheteur évincé d'une partie du fonds, parce que son vendeur n'en était pas propriétaire n'a aucune faute à se reprocher, il serait donc injuste d'assimiler les deux cas.

L'éviction partielle peut donner droit à l'acheteur de conclure contre le vendeur à la résolution du contrat en entier; mais pour cela, il faut qu'il prouve que sans la partie évincée, il n'eut pas acheté le surplus.

L'acquéreur peut, dans ce cas, faire résilier la vente, par application de la condition résolutoire qui est toujours sous-entendue dans la vente, comme dans les autres contrats synallagmatiques (1184).

L'achat est présumé fait sous la condition que le vendeur procurera à l'acheteur la possession paisible de la totalité de la chose vendue. Dès qu'il y a éviction, lors même qu'elle ne porte que sur une partie du bien, le vendeur n'a pas accompli son obligation. Il n'est pas même nécessaire en pareil cas que l'éviction ait eu lieu; l'acheteur, apprenant que le vendeur n'était pas propriétaire de la totalité de la chose vendue, pourra de suite demander la résiliation de la vente, comme d'une vente nulle aux termes de l'article 1599. Autrement, il ne ferait aucune amélioration sur le fonds dans la crainte perpétuelle de s'en voir évincé, c'est pourquoi, il vaut mieux dans l'intérêt de l'acquéreur, et dans l'intérêt public qu'une pareille situation prenne fin.

Le contrat est maintenu malgré l'éviction partielle, mais sauf indemnité dans deux cas : 1° lorsque l'acheteur ayant la faculté de faire résoudre le contrat, préfère garder la chose, 2° lorsque l'éviction n'est pas assez importante pour amener la résolution.

Mais quel est le montant de cette indemnité?

L'article 1637 nous l'indique : si, dans le cas de l'éviction d'une partie du fonds vendu, la vente n'est pas résiliée, la valeur de la partie dont l'acquéreur se trouve évincé, lui est remboursé suivant l'estimation à l'époque de l'éviction, et non proportionnellement au prix total de la vente, soit que la chose vendue ait augmenté ou diminué de valeur.

D'après cet article, le premier chef de l'action en garantie, la restitution du prix, disparaît complétement dans le cas d'éviction partielle. Il n'y a qu'une obligation pour le vendeur : indemniser l'acheteur du préjudice souffert par l'éviction.

On peut justifier cette décision, bien qu'elle ait été fort critiquée, par la différence des situations. En cas d'éviction totale, le contrat étant résolu, le vendeur ne peut garder entre ses mains aucune portion du prix, parce que, dès lors, il est prouvé qu'il l'a reçu sans cause. Dans le cas d'éviction partielle, au contraire, le contrat continuant à subsister, le prix reçu par le vendeur a par conséquent une cause, ce qui l'autorise à le garder, sauf à indemniser l'acheteur du dommage que lui cause l'éviction.

Malgré la disposition de l'art. 1637 qui nous paraît formelle et ne prêter à aucune distinction. Des auteurs prétendent que le Code ne s'est préoccupé dans cet article que de l'éviction *pro diviso*, de l'éviction d'un *certus locus*. Le but du législa- a été d'éviter une ventilation toujous longue et difficile.

Mais en cas d'éviction *pro indiviso*, la même difficulté ne se présente plus. L'acheteur est-il évincé de la moitié du bien, du quart, on sait de suite que c'est la moitié, le quart du prix qui est dû.

Puisque les raisons de la solution de l'art. 1637 n'existent pas pour l'éviction *pro indiviso*, il faut appliquer le principe général de l'art. 1630 ; traiter cette éviction comme une éviction totale.

Nous répondons que cette distinction n'existant pas dans la loi, nous ne pouvons la faire, d'autant plus que les rédacteurs du Code suivaient Pothier pas à pas, et que celui-ci, en traitant de l'éviction partielle, distinguait l'éviction partielle *pro diviso* et *pro indiviso*. On ne peut donc prétendre que si la distinction n'a pas été faite c'est par oubli. Il est d'autant plus certain que telle n'a pas été la pensée du législateur, que les tribunaux d'appel de Lyon et de Bordeaux, réclamaient dans le cas qui nous occupe l'application de la règle générale de l'article 1630.

Lorsque l'éviction ne porte ni sur une partie aliquote et indivise, ni sur une partie intégrante de la chose vendue, mais sur quelque chose qui en est provenu, par exemple : si quelqu'un a vendu une jument qui ne lui appartenait pas et qu'après la mort de la jument, l'acheteur ait souffert l'éviction du poulain qui en était provenu depuis la vente ; nous déciderons contre Pothier qu'il y a lieu à la restitution du prix de vente (Pothier n° 146 vente).

Il y a en réalité ici une éviction totale. Pourquoi le vendeur ne garde-t-il pas le poulain ? parce que la jument elle-même ne lui appartenait pas. Il y a donc là une vente complétement nulle, et le vendeur ne peut garder le prix qui lui a été payé sans cause.

Enfin, supposons pour finir, que l'objet de la vente consiste en un droit essentiellement temporaire, comme un usufruit, et qu'un tiers prouve que le droit d'usufruit, n'appartenait pas au vendeur après un temps plus ou moins long depuis la conclusion du contrat. Verrons-nous là un cas d'éviction totale ou un cas d'éviction partielle?

Dumoulin, Pothier et plusieurs interprètes du Code pensent qu'il y a éviction partielle, car l'éviction ne porte que sur une partie de la chose, elle ne prive l'acheteur que de la jouissance à venir.

L'acheteur a joui pendant un certain temps de la chose, cette jouissance doit être compensée chez le vendeur par la jouissance du prix; il serait donc injuste de le condamner à restituer la totalité.

Cependant cette opinion ne nous paraît pas fondée, en effet, si l'usufruitier a joui de la chose vendue pendant vingt ans, par exemple, c'est parce que le propriétaire n'a pas revendiqué sa chose avant les vingt ans et non parce que le vendeur a transmis la jouissance de la chose à l'acheteur. Dès lors, le vendeur n'a rien vendu, il ne peut garder quelque chose du prix, il doit le restituer en entier.

Toutefois, nous reconnaissons qu'il y aurait éviction partielle, si le vendeur ayant véritablement le droit d'usufruit, mais pour vingt ans seulement, l'avait néanmoins vendu, comme s'il y avait droit sa vie durant.

Si l'acheteur est évincé après les vingt ans, il y a du moins transmission d'une partie du droit.

Dans le cas où un animal est évincé, après un certain temps de jouissance, nous pensons que c'est une éviction totale et non une éviction partielle.

Pothier décide, au contraire, que le vendeur n'est tenu à la restitution du prix qu'au prorata de ce qu'on estimera le temps incertain du reste de la vie de cet animal. (Pothier n° 164 vente.)

---

## CHAPITRE IV

### CONVENTIONS MODIFICATIVES DE LA GARANTIE

La garantie étant de la nature du contrat de vente et non de son essence, il en résulte que les parties peuvent, par des conventions particulières, ajouter à cette obligation de droit ou en diminuer l'effét, elles peuvent même convenir que le vendeur ne sera soumis à aucune garantie (art. 1627.)

Les parties peuvent ajouter à l'obligation de garantie, mais il faut qu'elles le fassent d'une façon expresse et formelle, que leur volonté ne soit pas douteuse. En effet, lorsque l'intention des contractants se manifeste en termes qui ne peuvent être considérés comme l'équivalent de l'obligation de garantie légale, comme une rédondance, on n'a qu'à faire application de l'art. 1134 : Les conventions légalement formées tiennent lieu de lois à ceux qui les ont faites.

Nous pouvons citer comme exemple de conventions ajoutant à l'obligation légale de garantie, la clause par laquelle le vendeur s'engage à répondre de certaines évictions dont il n'est pas garant d'après le droit commun, ainsi s'il s'oblige à garantir de l'éviction provenant d'expropriation pour cause d'utilité publique.

L'acheteur peut aussi exiger du vendeur qu'il étende son obligation de garantie à des choses qu'elle ne comprend pas d'ordinaire, ainsi aux servitudes même apparentes qui pourraient grever le fonds.

Les parties peuvent modifier l'obligation de garantie en restreignant sa portée, elles peuvent écarter telle cause d'éviction qu'il leur plait d'indiquer, ou fixer un maximum que l'indemnité ne pourra dépasser; elles peuvent enfin convenir qu'il ne sera dû aucune garantie. En un mot les parties ont toute latitude dans leurs conventions, sauf l'exception contenue dans l'art. 1628. Aux termes de cet article : « Quoi qu'il soit dit que le vendeur ne sera soumis à aucune garantie, il demeure cependant tenue de celle qui résulte d'un fait qui lui est personnel : toute convention contraire est nulle. »

Limitons l'étendue d'application de cet article qui, en ne faisant aucune distinction dans le fait du vendeur, donne une décision trop absolue. Le fait du vendeur peut-être postérieur ou antérieur à la vente. S'il est postérieur à la vente, la disposition de la loi s'applique dans toute sa rigueur, car il est impossible qu'aucun acte de ce genre devienne impunément la cause d'un trouble quelconque pour l'acheteur; sans que le vendeur ne se soit rendu coupable de dol en méconnaissant les obligations que lui impose la vente. Or la loi ne peut autoriser le dol; on voit que la garantie du fait postérieur à la vente est non pas de la nature de la vente mais de son essence.

A l'égard des faits personnels antérieurs à la vente, la prohibition n'est pas aussi absolue. Sans doute une clause générale de non garantie laisse subsister le recours de l'acheteur, lorsque l'éviction procéde d'un fait personnel au vendeur que celui-ci a laissé ignorer à la partie intéressée, car alors il commet un dol. Mais si le vendeur a donné connaissance du danger de l'éviction à l'acheteur, et qu'il ait stipulé une clause de non garantie, la convention sera valable, et l'acheteur qui a adhéré à cette clause, l'ayant fait sciemment, ne peut se plaindre.

Nous pensons avec M. Colmet de Santerre (cours analytique du Code civil, de Demante t. 7, p. 90), que si on explique les dispositions de la loi sur la garantie du fait personnel par des raisons tirées de ce que l'éviction en pareil cas provient d'un dol du vendeur, il faut, pour ne pas exagérer la règle légale, prendre dans un sens absolumant strict le mot fait personnel. Nous refusons, par conséquent, d'appliquer l'art. 1628, quand l'acte de vente sur lequel s'appuie le droit à la garantie, et l'acte antérieur ou postérieur qui crée le droit de celui qui évince l'acheteur, n'émanent pas de la même personne physique, mais d'un auteur et de son héritier. Bien qu'ordinairement l'auteur et l'héritier soient juridiquement confondus , nous ne pouvons admettre cette confusion quand il s'agit d'uue appréciation morale comme celle qui tend à donner à un acte le caractére du dol. Nous dirons du dol ce qu'on a dit du vol : « Sine affectu fraudandi non commititur. » Si donc, un héritier a vendu ce que le défunt avait déjà vendu, et si le premier acheteur évince le second, ou si le second évince le premier, les deux événements sont possibles, on ne peut pas dire avec certitude que l'éviction provienne du fait personnel du vendeur. Au moins, faudrait-il démontrer que l'héritier avait connaissance de l'acte de son auteur, quand il a lui-même disposé de la chose dont celui-ci avait disposé avant lui.

Le vendeur qui, de droit commun, est tenu, en cas d'éviction, à la restitution du prix et à des dommages et intérêts, est-il à l'abri de tout recours en cas de stipulation de non-garantie, ou reste-t-il soumis à une obligation quelconque?

Il est évident que le vendeur ne peut devoir à l'acheteur des dommages et intérêts. Quant au prix, en général, il est obligé de le restituer, (art. 1629). C'est là une interprétation de la convention donnée par la loi qui suppose qu'il n'a pas été dans l'intention des parties que le vendeur put garder le prlx, puisqu'il le garderait sans cause,

La clause de non-garantie signifie donc simplement que le vendeur stipule, en cas d'éviction, de n'être pas tenu à des dommages et intérêts.

Cependant l'intention des parties peut être contraire à la présomption de la loi, elles ont pu vouloir faire un contrat aléatoire; alors le vendeur est dispensé de la restitution du prix.

L'article 1629 présume que les parties ont voulu faire un contrat aléatoire dans deux cas : 1° lorsque l'acheteur avait connaissance du danger de l'éviction 2° lorsqu'il a acheté à ses risques et périls.

Cette connaissance du danger de l'éviction ne suffirait pas, en l'absence d'une clause de non-garantie pour donner au contrat un caractère aléatoire, mais elle aurait pour conséquence d'enlever à l'acheteur le droit de réclamer des dommages-intérêts, lesquels ne sont dûs qu'à l'acheteur de bonne foi, art. 1599. Que décider lorsque l'acheteur aurait dû connaître le danger de l'éviction, comme dans le cas où la cause de l'éviction a son principe dans la loi? par exemple, s'il a acheté d'un cohéritier son droit à la succession, il a dû savoir qu'il pouvait être écarté du partage par les cohéritiers qui voudraient lui rembourser le prix de la cession.

Nous ne pensons pas que l'acheteur puisse exciper de son ignorance de la loi, pour réclamer des dommages-intérêts au vendeur.

Alors même que l'acquéreur aurait eu connaissance des causes d'éviction par une déclaration expresse du vendeur, cette circonstance ne suffirait pas à elle seule, en l'absence de toute renonciation à la garantie de la part de l'acheteur, pour dispenser le vendeur de l'obligation de restituer le prix qu'il aurait reçu. Cependant M. Duranton soutient que cette déclaration a pour effet de libérer absolument le vendeur de toute obligation vis-à-vis de l'acheteur.

Mais ce n'est là qu'une opinion isolée qui est rejetée par la presque unanimité des auteurs. L'art. 1629, en effet, ne distingue pas suivant la manière dont l'acheteur a eu connaissance du danger de l'éviction, et la déclaration du vendeur n'a pas pu suffire pour donner à la vente un caractère aléatoire. L'acquéreur, en effet, n'a peut-être suivi l'affaire que parce qu'il comptait que le prix par lui payé ne serait pas perdu. Sa volonté n'est pas exprimée d'une façon assez claire pour qu'on puisse donner la même solution qu'au cas où à la connaissance du danger de l'éviction s'est ajoutée une clause de non garantie.

Lorsque l'immeuble vendu se trouve grevé d'hypothèques, et que l'acheteur en est évincé sur la poursuite d'un créancier hypothécaire, a-t-il droit à garantie, s'il avait connaissance de la cause de l'éviction?

Pothier et Merlin pensent que l'acheteur n'a droit qu'à la répétition du prix : s'il souffre de cette éviction quelque chose au-delà du prix qu'il a payé, il doit se l'imputer, puisque c'est une éviction à laquelle il devait s'attendre. Ce n'est pas le vendeur qui l'a induit en erreur.

MM. Aubry et Rau exigent pour que l'acheteur n'ait pas droit à garantie, qu'il ait eu connaissance de l'hypothèque par une déclaration du vendeur, car en déclarant l'existence d'une hypothèque sur l'immeuble vendu, il avertit par cela même l'acheteur qu'il sera dans la nécessité de purger et de verser son prix entre les mains du créancier : cet avertissement équivaut à une stipulation de non garantie.

Nous pensons, suivant en cela le système de MM. Duvergier et Troplong, qu'il faut distinguer si l'hypothèque, cause de l'éviction, existe du chef du vendeur, ou du chef d'un précédent propriétaire; si elle existe du chef du vendeur, l'acheteur a droit à garantie toutes les fois que ce n'est pas par la déclaration du vendeur qu'il en a eu connaissance; si elle existe du chef d'un précédent propriétaire, peu importe la façon dont l'acheteur en a eu connaissance, dans tous les cas, il n'a pas droit à garantie. Lorsque l'hypothèque existe du chef du vendeur, et qu'il n'en a pas fait de déclaration, l'acheteur doit croire qu'il libérera l'immeuble en payant la dette pour la sûreté de laquelle il a été hypothéqué.

Si le vendeur connaissait la cause de l'éviction, bien qu'elle ne fût pas ignorée de l'acheteur, il est cependant exposé à un recours tel que de droit, si ce dernier a stipulé la garantie.

Lorsque la vente a été faite aux risques et périls de l'acheteur, cette clause nous paraît suffire par elle-même et par elle seule, pour autoriser le vendeur à la conservation du prix. Toutefois, si nous prenions l'art. 1629 à la lettre, la déclaration d'achat aux risques et périls de l'acheteur ne serait pas suffisante pour produire ce résultat, il faudrait qu'elle fut accompagnée de la clause de non garantie. Mais nous ferons observer que la clause des risques et périls, est par elle-même suffisamment énergique, et que la stipulation de non garantie ne pourrait rien y ajouter. De plus, la clause d'achat aux risques et périls n'aurait aucun effet quand elle serait insérée seule dans un acte; quels seraient les risques et périls auxquels l'acheteur aurait entendu s'assujettir, s'il ne s'agissait pas du risque de perdre la prix en cas d'éviction? Enfin le texte de l'art. 1629 ne commande pas impérieusement cette interprétation, car il dit seulement que la clause de non garantie, sans celle de risques et périls, ne prive pas l'acheteur du droit à restitution du prix, mais il ne règle pas l'effet de la clause de risques et périls non accompagnée de celle de non garantie.

L'acheteur n'a pas droit à garantie lorsque l'éviction procède de son fait ou de sa faute.

Cette règle avait été admise par le droit romain et notre ancienne jurisprudence.

Non-seulement l'acheteur n'a pas droit à des dommages-intérêts mais encore il n'a pas droit à la restitution du prix. Pothier donne l'exemple suivant d'un fait personnel au n° 91 de la vente. « Vous avez consenti que votre héritage fut hypothéqué pour une dette de Pierre; vous avez ensuite fait donation de cet héritage à Jacques, qui me l'a vendu, et peu après je vous l'ai revendu. Si vous souffrez éviction de cet héritage de la part du créancier de Pierre, quoique la cause de cette éviction soit antérieure à la vente que je vous ai faite, vous n'êtes pas recevable à agir en garantie contre moi pour cette éviction, parce qu'elle procède de votre propre fait, et que c'est vous même qui avez imposé cette hypothèque, lorsque vous étiez pour la première fois proprietaire de cet héritage. Vous n'êtes pas à la vérité, dans cette espèce, mon garant pour raison de cette éviction, comme dans l'espèce précédente, puisque ce n'est pas vous qui m'avez vendu l'héritage, et que Jacques qui me l'a vendu, le tenait de vous à titre de donation, titre qui n'emporte pas de garantie; mais il suffit que l'éviction procède de votre propre fait, pour que vous ne soyez pas recevable à vous en plaindre, et à agir en garantie contre moi.

L'acheteur est en faute et par conséquent la garantie pour cause d'éviction cesse lorsque l'acquéreur s'est laissé condamner par un jugement en dernier ressort, ou dont l'appel n'est plus recevable sans appeler son vendeur. si celui-ci prouve qu'il existait des moyens suffisants pour faire rejeter la demande (art. 1640).

Il serait injuste que les conséquences d'une faute retombassent sur un autre que son auteur. De plus il fallait prévenir une fraude possible dans le cas où la chose a diminué de valeur ; car alors l'acheteur pouvait se laisser évincer, afin de toucher son prix qui, dans l'espèce, eut été supérieur à la valeur actuelle de la chose.

L'acheteur est encore en faute, quand il a laissé s'accomplir contre lui une prescription qu'il était en son pouvoir d'interrompre, ou quand il a délaissé volontairement l'objet vendu, à un tiers dont le prétention n'était pas fondée

Lorsque les deux qualités de garant et de garanti se réunissent sur la même tête, par exemple si un acheteur devient l'héritier dn vendeur de son vendeur à lui même et qu'il soit évincé, il ne peut agir en garantie contre son vendeur, car lui-même comme héritjer du vendeur de son vendeur, il est tenu à garantie.

La garantie cesse également par la perte de l'objet vendu, l'éviction étant désormais impossible, le vendeur est complètement libéré de son obligation et l'acheteur supporte seul, les conséquences de la perte éprouvée; c'est là un cas fortuit qui doit demeurer à sa charge.

Quel sera l'effet d'une clause de non garantie insérée dans le contrat de vente en cas d'éviction partielle? Nous appliquerons l'art. 1629 par analogie et nous déciderons que cette clause n'aura d'autre effet que de décharger le vendeur de tout recours en dommages et intérêts, mais le vendeur n'en restera pas moins débiteur du prix, si la résiliation de la vente est prononcée aux termes de l'art. 1636.

# DE LA GARANTIE DES CHARGES RÉELLES

D'après le droit romain, le vendeur n'était tenu du trouble occasionné par l'exercice d'une servitude qui diminuait la commodité et la valeur du fonds, qu'autant que la vente avait été accompagnée de cette déclaration que le fonds était vendu comme libre, *ut optimus maximus*.

Notre ancien droit s'est écarté du Droit Romain, car Pothier nous dit au nº 194 de la vente que : le vendeur, en s'obligeant par le contrat de vente envers l'acheteur, *præstare ei habere licere*, s'oblige à le garantir de tout ce qui pourrait diminuer ou gêner cette faculté, c'est donc une suite de l'obligation que le vendeur contracte, qu'il doit garantir l'acheteur de toutes demandes pour raison de charges réelles, autres que celles qui lui ont été déclarées ou qu'il ne pouvait ignorer.

L'article 1638 consacre le système de Pothier : si l'héritage vendu se trouve grevé, sans qu'il en ait été fait de déclaration, de servitudes non apparentes, et qu'elles soient de telle importance qu'il y ait lieu de présumer que l'acquéreur n'aurait pas acheté s'il en avait été instruit, il peut demander la résiliation du contrat, si mieux il n'aime se contenter d'une indemnité.

Cependant cet article ne dit pas expressément que la garantie ne soit pas due, lorsque la servitude est apparente, mais il le dit tacitement, On peut l'induire des termes dont il se sert à *contrario.* Tout le monde est d'accord sur ce point.

Quant aux servitudes qui dérivent de la situation des lieux, ou qui sont établies par la loi, il n'y a pas lieu à garantie, puisque ces servitudes constituent le droit commun de la propriété.

Il faut pour que l'existence d'une servitude donne lieu à garantie.

1° Qu'elle ne soit pas apparente.

2° Qu'elle n'ait pas été déclarée ou que l'acheteur n'en ait pas eu connaissance.

La connaissance par l'acheteur de l'existence de la servitude équivaut à une déclaration faite par le vendeur. En effet, puisque l'acheteur était averti, cette déclaration était inutile. « Certiorari non » debuit qui non ignoravit. »

Mais, dira-t-on, depuis la loi du 23 mars 1855 qui, dans son article 2, ordonne la transcription de tout acte constitutif d'antichrèse, de servitude, d'usage, d'habitation, l'acheteur a dû connaître, lors de son acquisition, l'existence de la servitude qui grevait le fonds ; car avant de passer le contrat de vente, il a dû consulter le registre des transcriptions : ou bien l'acte constitutif de la servitude n'a pas été transcrit, et l'acheteur ayant accompli lui-même la transcription de son acte de vente, n'a aucunement à craindre l'exercice d'une servitude, qui ne lui est pas opposable, et alors l'art. 1638 se trouve abrogé virtuellement. Les partisans de cette solution admettent que, par cela même, qu'une servitude a été transcrite, il y a présomption qu'elle a été portée à la connaissance de l'acheteur.

Nous pensons que l'art. 1638 conserve son plein et entier effet, malgré l'article 2 de la loi de 1855. D'abord, la servitude a pu être constituée par testament ou dans un partage : dans ces deux cas, elle n'est pas soumise à la formalité de la transcription, de sorte qu'il ne peut y avoir de doute, qu'en pareille circonstance il y ait lieu à l'application de notre article. Même lorsqu'il s'agit d'une servitude soumise à la transcription et que cette transcription a été effectuée, notre article s'applique. Nulle part, en effet, la loi n'a établi que la transcription d'un acte faisait présumer qu'il était arrivé à la connaissance des parties intéressées. Or, la présomption légale est celle qui est attachée par une loi spéciale à certains actes ou à certains faits, art. 1350. Nos adversaires se mettent donc en opposition avec cet article en créant une présomption légale.

Nous reconnaissons, toutefois, qu'il y a là au moins une très-forte présomption de l'homme qui pourra servir d'élément au juge pour la décision à intervenir; sur la question de savoir, si l'acheteur a, ou non, ignoré l'existence de la servitude.

Cette garantie, comme celle qui naît de l'éviction, peut être modifiée par la convention des parties, qui ont la faculté, soit d'en augmenter l'étendue, soit, au contraire, d'en restreindre la portée; aussi le vendeur peut promettre la garantie des servitudes apparentes, ou bien à l'inverse, stipuler la non garantie des servitudes occultes. L'interprétation des clauses relatives à la garantie des charges fait souvent naître de sérieuses difficultés. Par exemple, la clause que le fonds est rendu franc et libre de toutes charges et servitudes, soumet-elle le vendeur à la garantie des servitudes apparentes?

Le vendeur est-il, d'un autre côté, affranchi de la garantie des charges occultes, lorsque le contrat porte que l'immeuble est vendu tel et en tel état qu'il est, tel qu'il se poursuit et comporte, et que l'acheteur a dit bien connaître, avec les servitudes tant actives que passives? Ces questions ne nous paraissent pas susceptibles d'une solution a priori, elles doivent être décidées d'après les circonstances, d'autant plus que l'on courrait risque de se tromper sur la véritable intention des parties, en s'attachant servilement à la lettre des formules, qui, le plus souvent, ne sont que de style.

Quel est le réglement de l'indemnité à donner à l'acheteur, par suite de la découverte de l'existence d'une servitude?

Il faut distinguer : Si la servitude est de telle importance qu'il y ait lieu de présumer que l'acquéreur n'aurait pas acheté, s'il en avait été instruit, il faut demander la résiliation du contrat. Nous appliquerons l'art. 1630. Dans cette hypothèse, l'acheteur a la faculté de tenir le contrat pour bon et de réclamer une indemnité.

Mais si la servitude n'est pas d'une importance telle qu'il n'ait pas acheté, s'il en eut été instruit, il ne peut demander qu'une indemnité. Comment calculer cette indemnité? On peut se demander s'il faut considérer l'existence d'une servitude comme un vice de la chose, et s'il y a lieu à l'action *quanti minoris* d'une part, et à des dommages et intérêts d'autre part. C'était la théorie de l'ancien droit : Pothier accordait dans cette espèce l'action en diminution de prix, et dans l'espèce précédente, l'action rédhibitoire.

Cependant nous ne pouvons adopter cette opinion, car l'existence d'une servitude constitue pour nous une éviction partielle, et telle nous paraît être la théorie du code, car le législateur a traité cette question après l'éviction partielle. En outre, s'il avait considéré l'existence d'une servitude comme un vice de la chose, il eut placé le texte, qui nous occupe, dans la section 2. (De la Garantie des défauts de la chose vendue.)

Nous accordons donc à l'acheteur un recours unique, la réparation du préjudice causé, par application de l'art. 1637.

Lorsqu'un héritage a été vendu avec des servitudes actives, l'acquéreur privé de l'exercice de ces servitudes a droit à une indemnité. En effet, en vertu de l'art. 1147, le vendeur doit être condamné à raison de l'inexécution de son obligation au paiement de dommages et intérêts, et l'article 1139 renvoie au titre des obligations pour la décision des autres questions auxquelles peuvent donner lieu les dommages et intérêts résultant pour l'acquéreur de l'inexécution de la vente.

Il n'est pas douteux que la disposition de l'article 1638 soit applicable tant aux servitudes réelles qu'aux servitudes personnelles.

---

# CHAPITRE VI

## VENTE DES CHOSES INCORPORELLES

*Vente d'une créance.* — Le même principe qui oblige le vendeur d'une chose corporelle à la garantie des troubles et évictions, soumet le vendeur d'une créance ou autre droit à la garantie. On distingue deux espèces de garantie, celle de droit, celle de fait.

### GARANTIE DE DROIT

Celle de droit, est ainsi appelée, parce que le vendeur en est tenu de plein droit, sans qu'on en soit convenu, et par la nature même du contrat : elle s'oppose à la garantie de fait, qui nécessite une convention.

La garantie de droit porte sur l'existence du droit cédé, c'est-à-dire sur l'objet même du contrat. Le vendeur a l'obligation de garantir l'existence au temps du transport, du droit qu'il cède, mais il n'est point tenu de garantir son efficacité.

Le droit de créance cédé est considéré commc inexistant, soit qu'il n'ait jamais existé, soit qu'il n'appartienne pas au cédant, soit qu'il se trouve éteint.

Le droit de créance cédé est également considéré comme inexistant et par suite donne lieu à garantie lorsqu'il était soumis à une action en nullité ou en rescission et qu'il a été annulé par suite de l'exercice : de cette action car on doit reconnaître que le droit n'existait pas quand il a été cédé.

Nous avons comme exemple, la créance contractée pendant la minorité, ou sous l'influenee du dol et de la violence.

Mais si l'action en rescission n'est pas intentée, le cessionnaire peut-il agir ? La raison de douter c'est qu'il ne fait pas partie des personne auxquelles appartient le droit de demander la rescission de contrat.

Nous pensons toutefois que l'acheteur pourrait se mettre à l'abri des conséquences possibles d'une rescission, en invoquant l'art. 1653. Il a juste sujet de crainte d'être troublé par une action qui est au droit cédé, ce qu'une revendication est à une chose corporelle vendue ; il peut donc suspendre la paiement du prix ou au moins obtenir caution. L'article que nous appliquons ici fait partie d'un chapitre applicable à l'acheteur en général, et la section qui traite des acheteurs de créances ne contient rien qni indique une exception sur ce point. Colmet de Santerre (droit civil t, 7. p. 198).

Le vendeur est non-seulement tenu de garantir l'existence de la créance, mais encore l'existence des accessoires tels que caution, privilège et hypothèque lorsqu'il en a été fait mention dans la cession. Des auteurs n'exigent pas qu'il en ait été fait mention dans la cession disant : Puisque les gages, les hypothèques, sont compris d'après l'article 1692, dans la vente de la créance, on peut dire que ce sont des droits cédés et qu'il en est dû garantie comme de la créance elle-même.

Nous répondons que par cela même que le vendeur n'a pas fait mention dans la cession, de droits qui pouvaient donner une valeur plus grande à la créance en assurant le payement, c'est qu'il ne voulait pas ayant des doutes sur leur validité s'obliger, en les déclarant à les garantir.

De même que le vendeur ne répond pas de l'efficacité de la créance qu'll cède, il ne répond pas de l'efficacité des suretés qui l'accompagnent même quand il a fait la déclaration. Si, par exemple, la caution est insolvable, que l'hypothèque ne vienne pas en rang utile, le cédant ne peut être soumis à raison de ce fait, à aucun recours.

Quels sont les effets de la garantie de droit ? Si la créance cédée n'existait pas au temps de la cession, ou si, ce qui produit le même résultat, elle n'existait pas au profit du cédant, le cessionnaire a droit à une indemnité. On est divisé sur la question de cette indemnité.

La question peut se poser ainsi : fait-il appliquer

les régles générales en matière de garantie en assimilant le cessionnaire d'une créance à un acheteur évincé ? alors on décidera qu'il a droit en vertu de l'article 1633 d'obtenir ce que le débiteur cédé lui eut payé, au-delà du prix payé par lui même, si la créance eut existé,

Ou faut-il, s'appuyant sur l'article 1694, dire que le recours du cessionnaire se borne à la répétition du prix qu'il a payé ?

Dans les deux opinions on aecorde le prix, les frais et loyaux coûts du contrat, les frais de l'instance contre le débiteur cédé. et ceux de la demande en garantie.

Nous pensons qu'il faut appliquer les règles générales en matière de garantie ; parce que l'art. 1694, étant une exception au droit commun, il ne faut pas étendre sa décision, on doit la limiter dans l'espèce prévue, c'est-à-dire la garantie de fait. La différence de rédaction des deux articles nous montre que telle est la pensée de la loi.

On nous objecte que l'article 1694 prévoit le cas où le cédant à garanti expressément la solvabilité du débiteur ,et qu'il déclare qu'il n'est cependant responsable que jusqu'à concurence du prix de la cession, or on ne peut accorder une portée plus grande à la garantie de droit, qu'à cette promesse formelle le cessionnaire doit donc être maintenu parfaitement indemne ; mais le cédant ne lui doit aucune garantie pour le gain sur lequel il a pu compter et qu'il n'a pas fait.

Nous répondrons que dans la garantie de droit, le cessionnaire supporte les risques de l'insolvabilité du débiteur, il est bien juste qu'il ait comme compensation les chances de gain. Dans la garantie de fait le cessionnaire se soustrait à ces risques, il est donc naturel de supposer ainsi que la loi l'a fait, qu'il abandonne par suite ses chances de gain.

Pour résumer notre opinion, les chances de bénéfice que peut réaliser le cessionnaire, ne sont que la compensation des chances d'insolvabilité; il en résulte que nous lui accordons la répétition du prix et des dommages intérêts. Les dommages intérêts s'apprécient suivant le degré de solvabilité du cédé. S'il est solvable, par exemple; c'est la différence qui existe, entre le prix de la cession, et le chiffre réel de la créance qui doit être payée à titre de dommages et intérêts.

Nous venons de voir que la garantie de droit existe sans que les parties aient fait aucune convention à ce sujet, art. 1693. Mais elles peuvent exprimer une volonté contraire en ajoutant une clause de non garantie. Les effets de cette clause seront réglés d'après les principes généraux, c'est-à-dire d'après l'art. 1629. Le cédant sera tenu, en cas d'inexistence de la créance à la restitution du prix, qu'il garderait sans cause, à moins de se trouver dans les hypothèses exceptionnelles prévues par l'art. 1629 *in fine*, dans lesquelles l'acheteur est considéré comme ayant acheté une chance.

La loi a admis exceptionnellement la garantie de droit de la solvabilité du débiteur, dans le cas où il s'agit de la cession d'une vente faite dans un partage par un cohéritier à son cohéritier (art. 886). Le motif en est, que le partage n'est pas une affaire de stipulation, mais une affaire d'équité, et on doit assurer l'égalité de la composition des lots.

## GARANTIE DE FAIT

Les parties peuvent convenir que le cédant ne sera pas tenu de garantir des dommages et intérêts et même de l'existence de la créance, elles peuvent donc diminuer et même détruire les effets de la garantie de droit. Elles ont également la faculté d'en augmenter les effets par une convention spéciale.

1° Le cédant peut garantir la solvabilité présente du débiteur.

2° Il peut garantir sa solvabilité future.

3° Il peut s'engager à payer lui-même pour le débiteur, après un simple commandement fait à ce dernier.

1° Lorsque le cédant garantit la solvabilité du débiteur, cette promesse, dit l'art. 1695, ne s'entend que de la solvabilité actuelle et ne s'étend pas au temps à venir ; c'est une application pure et simple des principes généraux ; en effet, c'est là une question de risques, et il est de principe qu'à partir de la vente les risques passent sur la tête de l'acheteur. L'art. 1694 ajoute que le cédant n'est garant de la solvabilité du débiteur que jusqu'à concurrence seulement du prix qu'il a retiré de la créance.

Cette décision est fondée sur une interprétation de volonté; de plus, cette convention pourrait déguiser un contrat usuraire. En effet, rien ne serait plus facile que de céder une créance sur un débiteur insolvable, dont le chiffre serait par exemple de 20,000 francs pour 10,000 francs et de promettre la garantie à raison de son insolvabilité. Si le cédant était garant du chiffre réel de la créance; le cessionnaire en déboursant 10,000 francs serait sur de toucher 20,000 francs ou tout au moins ne courrait le risque que de l'insolvabilité de la partie avec laquelle il aurait traité. Il obtiendrait donc le même résultat que s'il avait stipulé que prêtant aujourd'hui 10,000 francs, il lui serait rendu dans un laps de temps déterminé 20,000 francs. Le code devait proscrire cette convention, bien qu'il ne limitât pas le taux de l'intérêt, puisqu'il exigeait que la stipulation du taux de l'intérêt apparu manifestement dans un écrit (art. 1907).

Ce motif démontre que la disposition du Code n'est pas seulement une règle d'interprétation mais une règle prohibitive, et que par conséquent toute convention contraire doit être annulée comme renfermant un contrat usuraire déguisé.

Le cessionnaire n'a point de recours pour les frais et loyaux couts du contrat, à moins qu'il n'y ait eu stipulation expresse.

Bien que l'on puisse dénier toute efficacité à une pareille convention, en soutenant que cette restitution est considérée par le législateur comme une des conséquences de l'obligation à des dommages et intérêts (art. 1630).

Cependant nous pensons qu'une telle solution serait dépasser le but de la loi, qui veut seulement empêcher que sous la cession de créance ne se dissimule un contrat usuraire. Or, le cessionnaire qui fait une pareille stipulation, ne fait que se mettre plus à l'abri de tout risque dans la prévision de l'insolvabilité du cédé, il ne cherche pas à gagner, il cherche complétement à être indemne. Une telle convention n'a rien que de licite, il faut donc lui laisser son plein et entier effet, car les conventions légalement formées tiennent lieu de loi aux parties, en principe; à moins que la convention ne soit prohibée par la loi, contraire aux bonnes mœurs ou à l'ordre public.

M. Colmet de Santerre, Code civil, tome 7, p. 201, n° 140 bis, soutient que les intérêts du prix peuvent être considérés comme une partie du prix, et doivent être restitués au concessionnaire, car le cédant a eu la jouissance du prix, et il ferait sans cause un bénéfice au détriment du cessionnaire s'il rendait seulement le capital. Il faudrait toutefois examiner si le cessionnaire a touché les intérêts de la créance, parce qu'alors il y aurait eu compensation entre ces intérêts et ceux du prix, et il n'y aurait pas lieu à une restitution de ce chef.

Nous ne partageons pas cette opinion d'une façon absolue, il faut suivant nous distinguer, si le cédant était de bonne foi il ne doit pas les intérêts du prix, par argument *a contraio* de l'article 1378; s'il était de mauvaise foi, il doit alors les intérêts du prix.

Indépendamment du cas de stipulation expresse, la garantie de la solvabilité peut être due dans deux cas 1° quand le cédant conaissait l'insolvabilité du débiteur et a pratiqué des manœuvres pour la dissimuler, l'action serait alors fondée sur son dol; 2° quand la cession est faite à un créancier à titre de délégation pour le payer, (art. 1276).

2° Le cédant a garanti la solvabilité future; cette convention est valable art. 1695. C'est d'après les clauses de l'acte que l'on décidera si les parties ont eu l'intention d'étendre à ce point la responsabilité légale. La clause de fournir et faire valoir à cet effet extensif; tout le monde le reconnaît aujourd'hui, malgré les doutes élevés sur ce point dans l'ancien droit. Loyseau donnait à cette clause l'interprétation actuelle, et établissait son sentiment en recherchant la propre signification du terme fournir, et de ceux-ci, faire valoir. Fournir, dit-il, c'est suppléer, parachever ce qui manque, comme quand on dit : fournir une compagnie de soldats, fournir des matériaux pour un bâtiment, etc. Donc, dit-il, fournir une vente, c'est suppléer et achever ce que le débiteur ne pourrait payer, c'est s'en rendre caution.

Pareillement ces termes, faire valoir, signifient *in se recipere*, prendre sur soi, répondre que la dette sera payée tant qu'elle durera (Pothier, vente n° 564).

Lorsque le cédant s'eet ainsi engagé à garantir la solvabilité future du débiteur, il n'a contracté qu'une obligation, sous la condition que le débiteur serait insolvable. Il faut donc que le cessionnaire établisse l'insolvabilité du débiteur pour faire prendre naissance à l'obligation conditionnelle de garantie. On constate l'insolvabilité par des poursuites exercées tant contre le débiteur ou les débiteurs, s'ils sont plusieurs, que contre les cautions.

Si le cessionnaire n'a pu rien obtenir, il ne faut pas qu'on puisse le lui imputer, il ne faut pas que cela soit le résultat de son fait ou de sa faute. Ainsi, il ne pourrait recourir contre le cédant pour être payé, s'il avait libéré quelques-uns des débiteurs, ou s'il avait donné main-levée de l'hypothèque qui garantissait la créance.

S'il a laissé prescrire l'hypothèque, il est en faute et perd son recours, à moins qu'il ne résulte des circonstances que la faute soit imputable au cédant, comme dans l'exemple suivant. Supposons que l'hypothèque est sur le point d'être prescrite, au moment de la cession, le cédant n'en avertit pas l'acheteur ; ce n'est pas l'acheteur qui est en faute, c'est le cédant, et, par suite, il ne pourra opposer au cessionnaire qu'il est déchargé par la prescription de l'hypothèque.

3° Le cédant peut s'engager à payer, après un simple commandement fait au débiteur et resté sans effet,il est alors tenu au payement de l'intégralité de la créance sans pouvoir exiger aucune discussion préalable.

Cette garantie résulte de la clause de fournir et faire valoir, sur simple commandement. Le cessionnaire perdrait son recours également s'il libérait l'un des débiteurs ou les cautions, mais il n'est pas responsable de sa négligence comme dans le cas précédent. Pothiər nous donne comme motif, c'est qu'en stipulant la garantie après simple commandement, il s'est déchargé de toute autre diligence (Pothier, vente n° 572).

Il faut remarquer que toutes les clauses extensives de la garantie, n'ont pas d'autre effet que d'obligor le cédant à indemniser le cessionnaire, jusqu'à concurrenc du prix par lui payé (art. 1694).

## VENTE D'UNE HÉRÉDITÉ

En droit romain, on pouvait vendre l'hérédité d'une personne vivante, si toutefois la personne, dont la succession était l'objet du contrat, y consentait.

Les art. 1130 et 1600 décident d'une façon formelle que l'on ne peut faire aucune stipulation sur la succession d'une personne vivante, même de son consentement.

Pour qu'une stipulation sur une succession soit valable, il faut :

1° Que la succession soit ouverte ;

2° Que les contractants aient la conscience que la succession est ouverte.

En effet, s'ils ignoraient l'ouverture de la succession, ils auraient voulu faire un acte que la loi défend, et auquel par conséquent elle ne peut attacher aucune valeur.

La vente d'une hérédité n'a pas pour objet le titre même d'héritier, qui reste attaché à la personne du vendeur ; elle n'a pas non plus pour objet telles ou telles choses héréditaires ; le vendeur promet tout ce qui est provenu ou proviendra de l'hérédité,

L'acheteur doit seulement être mis dans la même situation que s'il était héritier, il a donc pour lui tout l'émolument actif, mais il doit, par contre, supporter tout le passif.

La vente d'une hérédité peut n'être que la vente d'une prétention, on peut céder les droits que l'on a ou que l'on prétend avoir sur une succession. Dans ces termes, il ne peut y avoir lieu à garantie, les parties n'ayant fait qu'un contrat aléatoire,

Cependant, si celui qui a cédé ses droits à une hérédité, qui les a présentés comme incertains, savait pertinemment qu'ils n'avaient aucune valeur il commet un dol, et ce dol l'oblige à réparer le préjudice qu'il a causé.

Lorsqu'une personne a simplement vendu ses droits successifs, elle doit, indépendamment de toute convention. garantir sa qualité d'héritier. L'article 1696 s'exprime en ces termes : celui qui vend une hérédité sans en spécifier en détail les objets, n'est tenu qu'à garantir sa qualité d'héritier?

Le vendeur ne garantit que sa qualité d'héritier, car il n'a pas vendu les objets héréditaires considérés à titre particulier, il a vendu l'universalité de la succession, c'est-à-dire qu'il n'a pas promis tel ou tel bien, mais l'ensemble du patrimoine héréditaire tel qu'il peut être.

Pourvu qu'il soit héritier et qu'il puisse procurer à l'acheteur les chances attachées à cette qualité, il remplit son obligation.

Nous avons vu, d'après l'article 1696, que le vendeur pouvait augmenter son obligation de garantie, en déclarant que la succession se compose de tels et tels biens spécialement désignés : il n'est plus alors seulement garant de l'existence et de la validité de son titre héréditaire, mais encore, il répond de l'éviction des objets particuliers qu'il a indiqués.

Le vendeur peut à l'inverse restreindre son obligation de garantie. Il ne faut pas confondre la vente d'une hérédité faite avec clause de non garantie, avec la vente d'une prétention à une hérédité. Les effets sont bien différents. Dans le dernier cas le vendeur ne répond pas de l'existence de sa qualité d'héritier, tandis que dans l'hypothèse d'une vente faite avec clause de non garantie il répond de l'existence des droits qu'il transmet, seulement il limite l'obligation de garantie à la restitution du prix qu'il a touché, il se soustrait à l'obligation des dommages-intérêts.

Les effets de la garantie, dans les ventes d'hérédité, se déterminent suivant les règles générales que nous connaissons :

Si le vendeur n'a pas droit à l'hérédité, la vente est nulle et le prix payé par l'acheteur doit lui être restitué : il doit tenir compte également des frais et loyaux coûts du contrat, des frais de procès soit en pétition d'hérédité, soit en garantie. L'acheteur peut réclamer en outre des dommages et intérêts.

Ces dommages intérêts consistent dans l'évaluation du bénéfice, que l'acheteur eut pu retirer de l'opération, si le vendeur avait eu des droits à l'hérédité qu'il avait cédé.

Si l'éviction n'était que partielle, c'est-à-dire si le vendeur était bien héritier, mais seulement pour une quotité moindre que celle désignée dans le contrat, l'acheteur pourrait, par application des articles 1636 et 1637, faire résilier ou faire maintenir la vente, sauf, dans ce dernier cas, à se faire indemniser du préjudice que lui causerait l'éviction partielle.

# POSITIONS

---

## DROIT ROMAIN

I. — La garantie n'est due pour les servitudes prédiales qui grèvent le fonds vendu que si le vendeur a présenté le fonds comme libre, à moins d'un dol de sa part.

II. — La condamnation dans l'action *ex empto* à un objet unique la réparation du préjudice causé.

III. — L'acheteur resté en possession paisible de la chose, ne peut obtenir le paiement immédiat du double du prix, auquel le vendeur a été condamné pour n'avoir pas promis le double en cas d'éviction.

IV. Le créancier gagiste, qui a vendu le gage *jure pignoris*, est garant si un droit de gage ou d'hypothèque ne lui a pas été consenti ou si son droit est primé par des créanciers préférables.

V. En cas de clause générale de non garantie, l'acheteur ne peut pas, non-seulement réclamer des dommages et intérêts, mais encore le prix.

## DROIT CIVIL FRANÇAIS

I. — Lorsque l'acheteur est évincé par suite d'une prescription commencée avant la vente et qui s'est accomplie aprés, il n'a pas, en principe, droit à garantie.

II. — Le donataire évincé d'un bien acquis par le donateur, peut recourir contre le vendeur.

III. — Dans une vente par expropriation forcée, l'adjudicataire a un recours en garantie, mais seulement contre le débiteur saisi.

IV. — Le prix payé par l'adjudicataire entre les mains des créanciers inscrits peut être répété comme indû.

V. — La femme commune ne peut, à la dissolution de la communauté, si elle l'accepte, revendiquer son immeuble propre, aliéné par son mari sans son consentement, que pour moitié.

VI. — Lorsqu'après plusieurs ventes successives le dernier acheteur est évincé, il peut, *omisso medio*, recourir contre les vendeurs antérieurs.

VII. — L'art. 1633 ne doit pas s'être limité par l'art. 1150.

VIII. — L'art. 1637 s'applique également à l'éviction *pro divisо* et *pro indiviso*,

IX. — L'art. 1638 conserve son plein et entier effet malgré l'art. 2 de la loi du 23 mars 1855.

X. — Le cessionnaire d'une créance qui n'existait pas, peut réclamer au cédant le prix qu'il a payé et des dommages et intérêts.

## DROIT PÉNAL

I. — Le duel ne tombe pas sous l'application de la loi pénale.

II. — L'accusé acquitté devant la Cour d'assises ne peut pas être repris en police correctionnelle pour le même fait qualifié délit.

## DROIT COMMERCIAL

I. — Le porteur d'une lettre de change n'est pas propriétaire de la provision.

## HISTOIRE DU DROIT

I. — A l'époque franque, ce n'était pas la totalité des hommes libres de la localité, qui sous le nom de Rachimbourgs, jugeaient dans le Mallum.

## DROIT DES GENS

I. — Le blocus réel est le seul opposable aux neutres.

*Vu par le président de la thèse,*
G. DEMANTE.

*Vu par le doyen :*
G. COLMET-DAAGE.



VU ET PERMIS D'IMPRIMER,
*Le vice-recteur de l'Académie de Paris,*
A. MOURIER

—55—Paris. — Imprimerie F. PICHON, 14, rue Cujas.

PARIS. — IMPRIMERIE F. PICHON, 14, RUE CUJAS.

www.ingramcontent.com/pod-product-compliance
Ingram Content Group UK Ltd.
Pitfield, Milton Keynes, MK11 3LW, UK
UKHW021127220726
13924UKWH00004B/1937